PLANNING DOCUMENT

上司・クライアントに通る！作成のコツがわかる

「企画書」の基本&書き方がイチから身につく本

井徳正吾 Itoku Shogo

企画書の書き方はもちろん発想法から、まとめ方までわかる!

すばる舎

はじめに

「企画書ってどう書けばいいの？」このような質問を受けることがある。そんなとき、必ず「好きに書いていいんだよ」と答えることにしている。

「答えることにしている」というのは、それしかどうにも私には答えが見つからないからだ。書式フォーマットが存在しない企画書の書き方は、ひと言では説明できない。私なりの考えをきちんと答えようとすると、まとまった時間がいる。だから、そんな質問がいちばん困ってしまう。「好きに」としかいいようがないのだ。

私は企画書を書くのが嫌いではない。むしろ好きなほうだと思う。自分の好き勝手に書けるから。しかし、世の中には企画書の書き方がわからず困っている人が意外と多い。苦手な人もいると聞く。

しかし、ビジネスマンで、企画書を書かないままに定年退職を迎えることは難しい。ビジネスマンなら一度はだれでも、企画書を書かないといけない局面に遭遇するように思う。それを書かないで済ませることもあるかもしれないが、書いたほうがよかったと述懐することもあるのではないか。ことほどさように、ビジネスマンと企画書作成作業は切っても切れない関係にある。そういってもいいすぎではないだろう。

企画書作成には、書き手のそばで、じっと見ているのがいちばん勉強になる。パソコンがない時代なら、先輩の企画書の清書をするのが学ぶ早道だった。なぐり書きされた企画書のラフをきれいに鉛筆で書きなおすのが、いちばんよかった。しかし、いまではそれも難しい。書き手みずからがパソコンで作ってしまうからだ。だから清書が入り込む機会がない。せいぜい打ち合わせ時に、ホワイトボードに走り書きされたラフな企画内容をパソコンで仕上げる機会がたまにあるかどうかだろう。こうして格好の企画書作成を学ぶ機会が激減した。

●

私は今、縁あって宮城大学の教壇に立っている。教えている講義の中に「ビジネス・プレゼンテーション」がある。プレゼンテーションのしかたを教える講義だ。宮城大学では実学を謳《うた》っているために、1年生のときから企画書作成やプレゼンテーションのしかたを学ぶ。そのプレゼンテーションのしかたを学ぶには、前提となる企画書の書き方も学ばなくてはならない。企画書がなくてはプレゼンテーションも始まらないからだ。

だから、まず「企画書ありき」になる。しかし、この企画書作成作業が一筋縄にはいかない。先述したように、企画書には決まった書式がないためだ。カタチのない不定のものを初心者に教えるのは難しい。市販には企画書作成に関する本はたくさんある。しかし、私が望むような、新入社員や大学生のような、まったくの入門者に向けた解説書で、しかも私が気に入った本は見当たらない。ならば自分で書くしかない。そう考えてでき上がったのが本書である。

●

この本は、企画書を書くにあたって、まったくどこから手をつけたらいいのかわからないという人に向けて書かれている。企画書とは何かさえも知らない、そんな初心者を対象にしたものである。そんな人たちが、いずれビジネスの世界でバリバリと企画書を書きまくり、自分の考えやアイデアをビジネスの世界で次々と実現している、そんな人を作り出す一助になればこんなにうれしいことはない。

それは私の無上の喜びになるし、私がこの世に存在した証しにもなるからだ。そうなることを願ってやまない。

CONTENTS

第2章 企画書作成の準備をしよう！

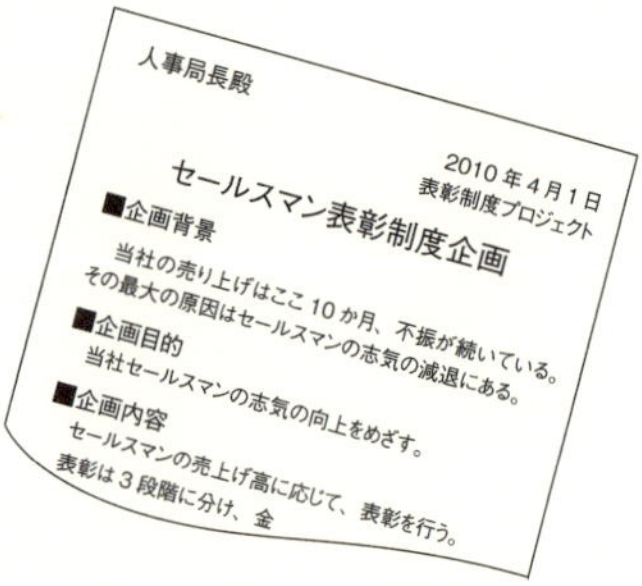

人事局長殿
2010年4月1日
表彰制度プロジェクト
セールスマン表彰制度企画
■企画背景
当社の売り上げはここ10か月、不振が続いている。
その最大の原因はセールスマンの志気の減退にある。
■企画目的
当社セールスマンの志気の向上をめざす。
■企画内容
セールスマンの売上げ高に応じて、表彰を行う。
表彰は3段階に分け、金

第3章

企画書作成の「作法」を覚えよう！ 085

第4章 より魅力的な企画書を作成するために

第5章

企画の立案方法

第6章

オリジナルの企画書を作ろう

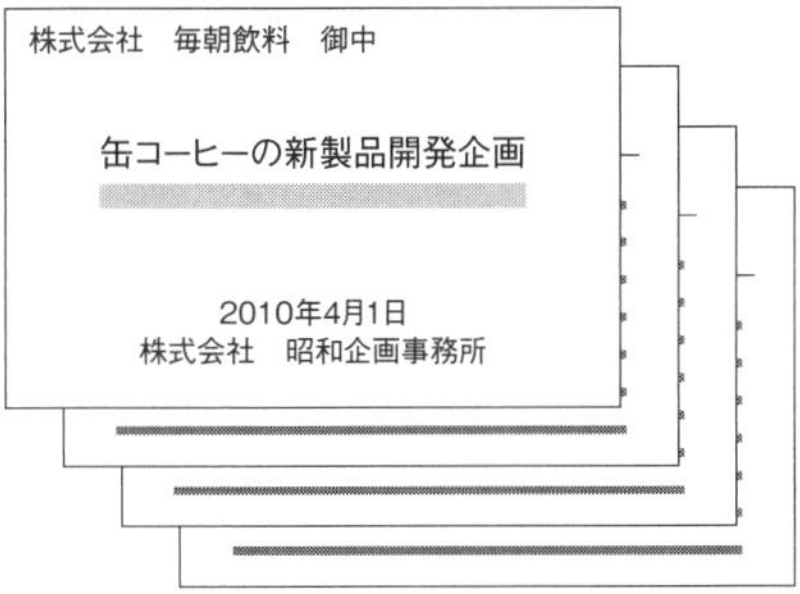

カバーデザイン　日下充典
本文デザイン　中村かおり（モナリ）
図版制作　株式会社 桂プロ

第1章

「企画書とは何か？」

初めて企画書を書く人にとって、企画書とは何を書けばいいのか……、まったく見当もつかないかもしれない。また、何回も書いてきた人でも、本当の目的をきちんと理解できているか、もう一度チェック！

Section 1

「企画」とは何か？

企画には、必要なものがある

■企画とは

「企画」とは「企《くわだ》てを描く」ことをいいます。「企て」とは「目論見《もくろみ》」であり「計画」のこと。つまり、企画とは「ある意図をもって、計画された」ものをいいます。「ある意図をもって」ということは、そこに確固たる「目的」が必要です。明確な目的があって、その目的のために存在する企てが企画です。したがって、企画にはロジックがなくてはなりません。目的から企てまでを結ぶ道筋が必要です。論理的でないものは企画にはなりません。それはただの「思いつき」です。思いつきは「点」であり、目的と企てという結果を結ぶ「線」が存在しません。だから「思いつき」は「着想」であり「企画」ではないのです。

企画には深い思考が必要です。現状を深く見つめ、鋭い洞察力を働かすことが必要です。鋭い洞察から導き出されたものには力があり、平板な思考から導き出された企画には人をうならす力がありません。誰もが気づかない深い洞察から生み出されたものに人は感動し、そ

企画は現状に対する鋭い洞察力とロジックからなる

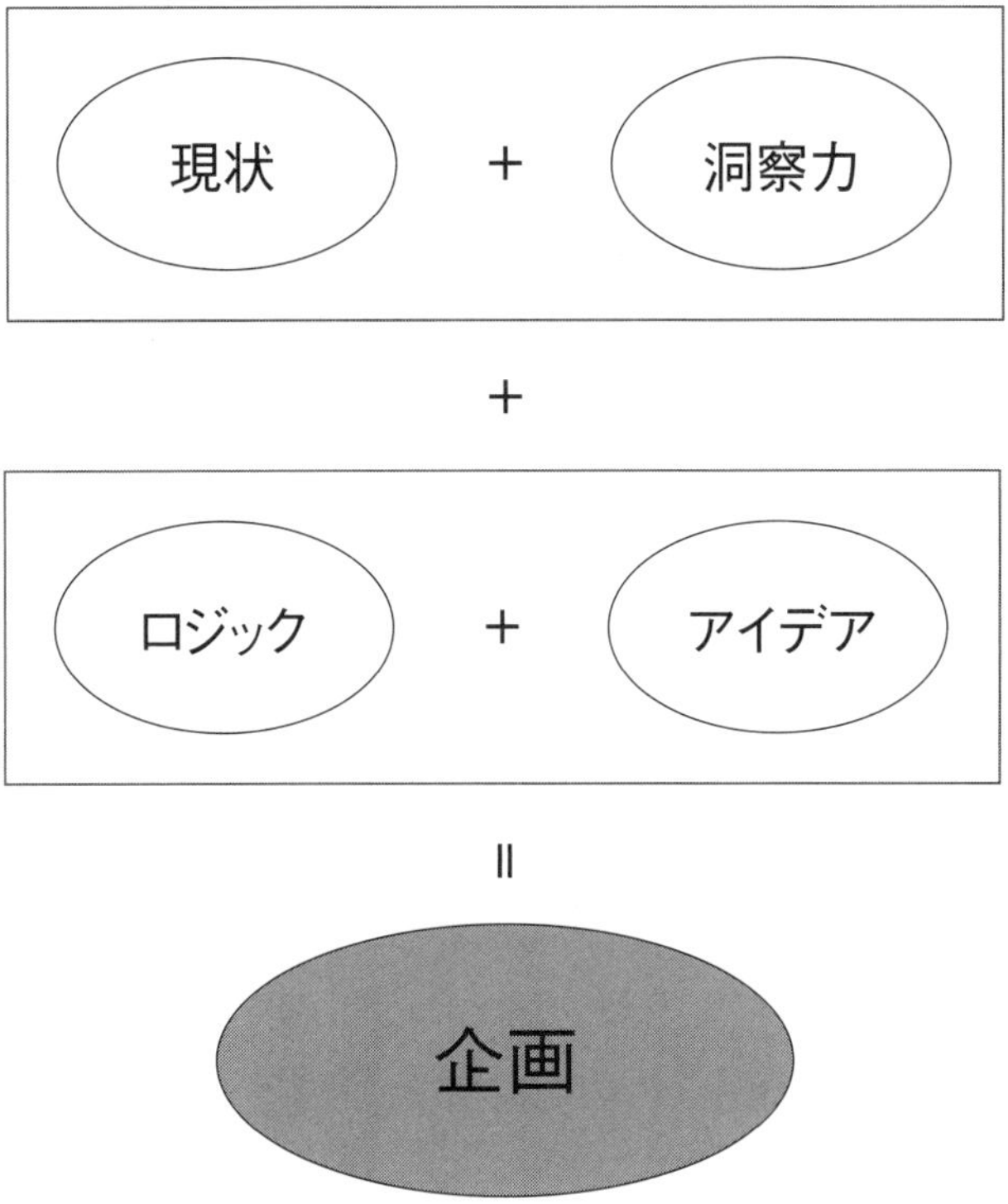

現状を深く見つめ、洞察力を働かす。それをロジカルに考え、アイデアを浮かべると企画になる

の着想を賞賛するのです。

■企画は難しくない

洞察力の話を身近な例で説明します。例えば、あなたが親しい友人から結婚披露宴の企画を頼まれたとします。その場合、あなたはきっと考えるはずです。参加者のみんなを和ませ、同時に新郎・新婦の意外な側面を出席者にうまく紹介する方法はないかと。そう考えると、そこに深い洞察が必要になってきます。

『新郎・新婦に関してみんなの知らない意外な側面……、みんなが驚く側面……、そして出席者一同が和み、結婚する2人をいっそう祝福する気持ちにさせ、しかも全員がハッピーな気持ちになる企画とは……』

それらすべてを満足させるには相当深く考えることが必要です。深い洞察が必要になってくるゆえんです。浅い考えで導き出されたありきたりの企画では参加者の高い満足は得られないでしょう。

故・伊丹十三監督は、映画作りの秘訣を聞かれたときに「人の望むものを予期せぬカタチで提供する」と答えました。人のニーズを的確にとらえる一方で、誰もが予期しない意外性をもって提示していくことが映画作りの極意だというのです。

深く考え抜かれたものほど人を動かす力があります。そこには感動があるからです。鋭い洞察力に人は感動し、そこから導き出された予期しない斬新な企てに共感を覚えます。つまり企画の本質とは感動です。どの程度の感動をもたらすかが企画力そのものになってきます。

ここでは、プライベートな例で説明しましたが、ビジネスでも同様です。ビジネスの場合は特に目的を明確にすることが必要です。その目的を達成するための解決策としてあるのが企画です。

企画には目的と、目的から導き出される論理と、論理に基づく結果としての企てがあります。そして企画には、現状に対する鋭い洞察力が必要です。その結果、呼び起こされる感動こそが企画の本質となるのです。

Section 2

「企画書」の目的とは、何か?

他人に認めてもらい、実現をめざすもの

■周囲の賛同を得るのが企画書の目的

「企画書」とは文字通り「企画」を書いた書類。多数あるビジネス文書のなかのひとつです。

では、企画書の目的とは何なのでしょう。それは企画に対する周囲の「賛同」を得ることにあります。そして、企画が企画に終わらず、実現されるために存在します。まわりの賛同を得る必要がないなら、企画書を作成する必要はありません。自分ひとりで考え、自分ひとりで実行するなら、企画書は不要です。

もし、あなたが社長だとして、次に何かをしたいと考えても企画書を書くことはしないでしょう。それは必要がないからです。また、口頭で済むのなら企画書は不要です。話をすることで、周囲の賛同と決断が得られるなら企画書を作成する必要はありません。

あなたの考えを広く周囲に理解してもらい、実行させるには、「企て」を書いた企画書が必要となります。

周囲の賛同を得るのが企画書の目的

企画とは

現状を改善・改良するための企て（くわだて）

企画書の目的

まわりの理解と共感を得るためのビジネス書類

現状には必ず改善・改良の余地がある。それを解決しようとするのが、「企て」。その企てに周囲の理解を得させるために作成するのが「企画書」である

Section 3

企画書の最終目的とは何か？

目的を常に意識して、企画書を作ろう

■現状を解決し、みんなを幸せにするのが最終目的

企画とは何らかの現状を改善なり、解決をし、新しい局面を開くことを目的にしたものです。そのための企てを書いたものが企画書です。企画書に書かれている通りを実行すれば、問題点や課題を解決し、「輝かしい未来」が切り開かれる、それが、企画書が最終的にめざすものです。言い換えれば、企画書には輝かしい「あした」の姿が描かれていなければなりません。ただ単に、何をすべきかが書かれているだけでは企画書とはいえません。それは単なる「指示書」です。未来の姿が描かれてこそ企画書といえるです。

企画書には、この企画を実行したら、どのような結果が得られ、どのような成果がもたらされるのか、それがきちんと書かれているべきです。その結果、企画書は実行者だけでなく、それに関わるすべての人を幸せにするのです。つまり、あらゆる人を幸せに導くもの、それが企画書なのです。この事実は意外に忘れがちです。

企画書で幸せを共有しよう!

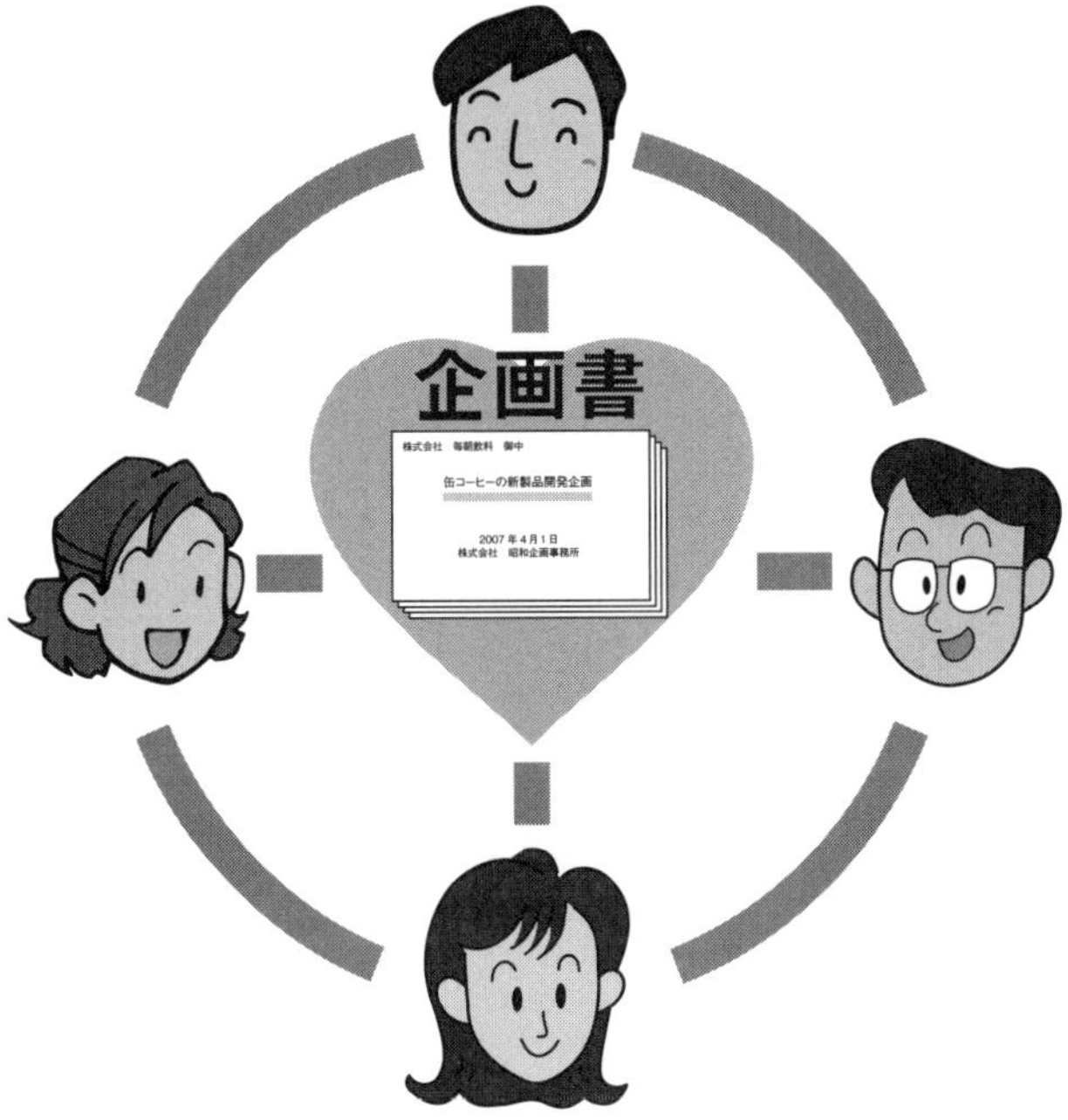

企画の実行を通じて、社員も社員の家族も取引先も、さらに社会全体を幸せにする。それを行うのが企画書だ

ビジネスの基本とビジネス文書

企画書はビジネスの基本に沿って作られている

■ビジネスの基本は「ＰＬＡＮ・ＤＯ・ＳＥＥ」

ビジネスのほとんどは「ＰＬＡＮ・ＤＯ・ＳＥＥ」で行われています。プランを立て（ＰＬＡＮ）、そのプランを実行し（ＤＯ）、その結果がどうだったのか（ＳＥＥ）、それを調べてまたプラン作りに生かす、それがＰＬＡＮ・ＤＯ・ＳＥＥです。このステップを常に循環させながらビジネスは進んでいきます。ビジネスだけでなく、人の行動にもこのサイクルが当てはまります。自分の行動を反省し、それを次回に生かす、そうして人間は進歩していくのです。これは農業も同じ。作物を作り、収穫し、その出来がどうだったのかの反省を生かしてまた次年度の作物作りをする。人間が反省を繰り返して高度化していく限り、このＰＬＡＮ・ＤＯ・ＳＥＥはあらゆる世界で行われる真理だといえます。

先述したように、ビジネスもこのＰＬＡＮ・ＤＯ・ＳＥＥで進んでいます。そのため、このＰＬＡＮ・ＤＯ・ＳＥＥの流れに沿って、ビジネス文書も様々に存在するのです。

ビジネスの基本サイクルを身につけよう!

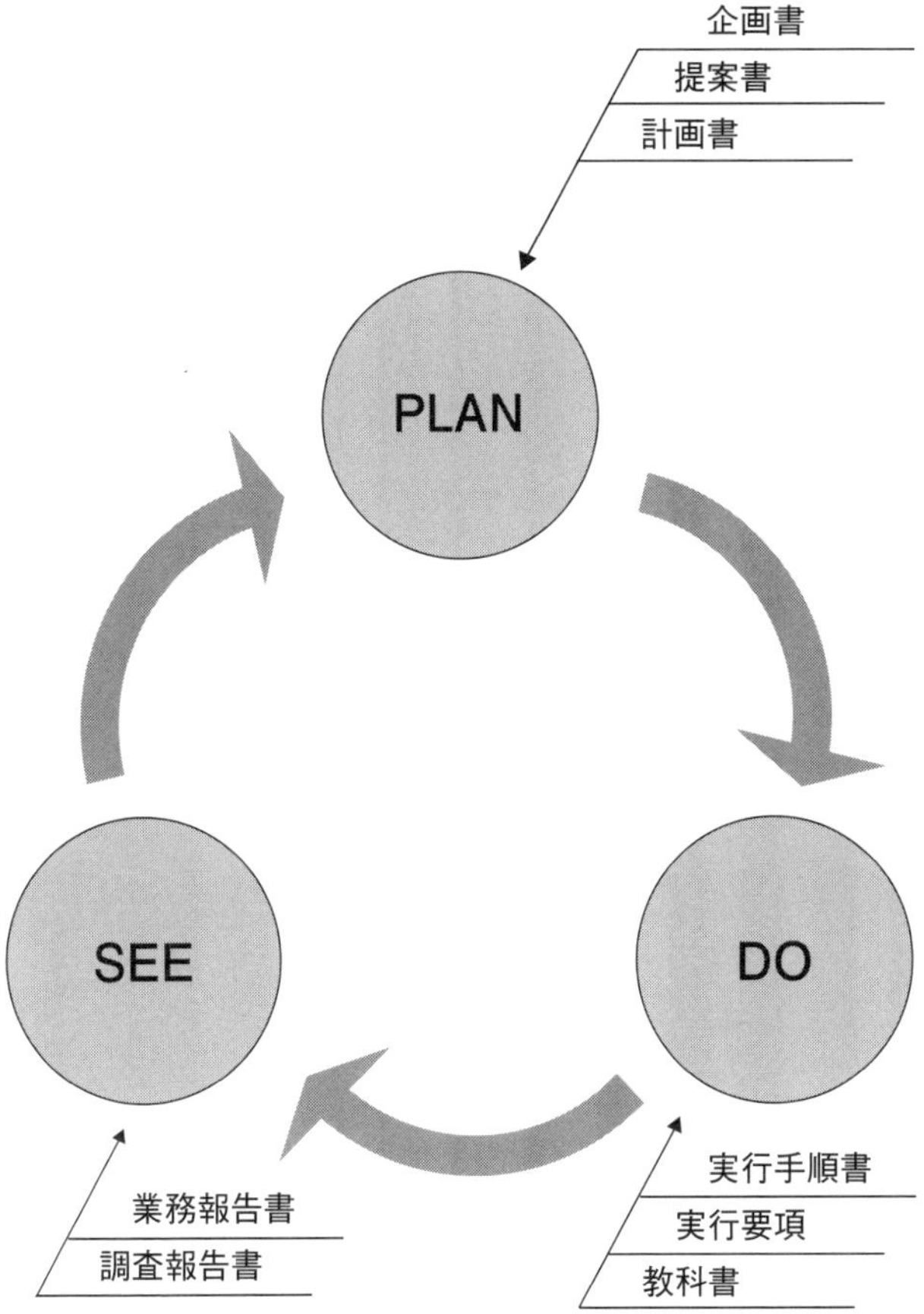

Section 5

企画書と他のビジネス文書との違い

企画書は、ビジネス文書の中でも特殊な存在

■承認されないと、「捨てられてしまう運命」にある「企画書」

ビジネス書類の中でも企画書は少し異端の存在です。一部の優れた企画書は別として、採用されない企画書はすぐに捨てられる運命にあるからです。採用されない企画書はビジネス上は何の価値もありません。ビジネス書類の中で、すぐに捨ててもいい書類など多くはありません。稟議書にしろ、業務報告書にしろ、ある期間は保管されるのが普通です。しかし、企画書は採用されて初めてビジネス上の意味をもち、保管する価値が出てきます。

このように多くの企画書はビジネスの世界を相手に作成されながら、ビジネス書類とも言い切れないのです。

■フォーマットがない企画書

書類の形式（フォーマット）が決まっていないのも企画書の特徴です。稟議書には稟議書

企画書と他のビジネス文章との違い

企画書

- 採用されて初めて意味をもつビジネス文書
- どのように書いても自由で、決まったフォーマットがない
- 読み手にとっては読む義務がないビジネス文書

企画書以外のビジネス文書
（例：稟議書や業務報告書など）

- 作成段階から意味をもつビジネス文書
- 会社独自の決まったフォーマットがある
- 読み手があらかじめ命令したり、要求するため、読み手に読む義務や読む気構えがすでにあるビジネス文書

の形式があります。ひな形に沿って記入すれば誰でも容易に稟議書を書くことができます。また、業務報告書でも、その会社なりの形式があり、書く内容さえ決まっていれば、フォーマットに従って書き込むだけで報告書はできあがります。

それに比べ企画書の場合、「これが企画書のフォーマットである」といったものがありません。十人十色というくらい、人によって書き方は様々で、場合によっては一人十色であったりします。同じ人でも、そのときそのテーマで書き方が違っていたり、企画の内容で書式が異なっていたりします。提出先によっても違うでしょう。

■共感を必要とするのが企画書

企画書にはこれが最高という書式がありません。それはビジネス書類の中で企画書だけが「共感」を必要とするからです。企画書以外に共感を必要とする書類はないでしょう。稟議書にしても業務報告書にしても、読み手にはあらかじめ読もうとする気持ちや、内容に対して理解しようとする姿勢があります。そのため、内容が正確に記述されていればそれで済みます。

しかし、企画書は受け手に読む義務はなく、読もうという姿勢がない場合も多いのです。

だからこそ企画書には読み手の興味・関心を引き、読もうとする気持ちを作り出すことが必要になります。さらに、内容に同感してもらうことが必要になってくるのです。企画書には読み手の興味関心の喚起や理解・共感という行為が必要なのです。そんなビジネス書はほかにはありません。

■創意工夫を必要とするビジネス文書としての企画書

ビジネス文章の中で「興味・関心を引く→理解を促す→共感させる→承認させる」を必要とする書類は企画書だけです。しかし、「企画書の書き方は自由」で、このことが逆に企画書作成を難しそうにさせているのです。

企画書のポイントは企画の必要性と面白さ、期待できる成果をどのように伝えるかです。企画段階では面白いのに、企画書にした途端に面白さが失せてしまうことがあります。それは企画を語るときの熱い思いが企画書に表現できていないからです。逆にいうと、企画に込めた熱い思いや楽しさが表現できればいいわけで、企画書と発表者が全身を使って企画の必要性や面白さを相手に伝えればいいのです。

企画書と提案書・計画書の違い

それぞれの文書の違いを正しく理解しよう！

■考えや構想が中心の「企画書」、即実行できるのが「計画書」

ビジネス文書の中には「企画書」「提案書」「計画書」と呼ばれる書類があります。いずれも現状を改善・改良し、打破するために作成される書類です。この3つはほとんど同じことを意味しているので、実際にビジネスの世界でも混同して使用されることも多いのです。特に企画書と提案書には、ほとんど差異がありません。あえていえば、提案書は部下が上層部に対して改善を提言するものといえるでしょうか。また、企画書と計画書にも大きな差はなく、若干の差は次のようなものでしょう。

●企画書　考えや構想に重点が置かれた書類。したがって、細部の詰めよりも全体の構想や着想が優先される

●計画書　実施・実行に重きが置かれたビジネス書類。そのますぐに、行動に移せるほどの実効性の高い完成度が要求される

企画書と計画書の違いを理解しよう!

●未来に対する企てを書面にしたもの

●内容は構想が中心

●まだ企画の必要度や実施するかどうかさえも決まっていない

・なぜ、必要か?

・何をやらねばならないのか?

が特に重要

企画書

↕

●企画の進め方を書面にしたもの

●内容は具体的な実施要綱が中心

●前提として、企画の実行がすでに承認されていることが多い

・どのようにやるのか?

が特に重要

計画書

様々な企画書の種類を覚えよう！

企画書は、事業の数だけ存在する

■星の数ほどある企画書も、共通しているのは現状に甘んじないという精神

企画書とひと言でいっても様々なものがあります。企業活動のすべてが企画書の対象なので、事業の数だけ、あるいは職域や職種の数だけあるといっていいでしょう。

どの企画書にも共通しているのは「現状に甘んじない」という姿勢です。現状を変えていこうとする「変革」であったり、「創造」「改善」であったりします。つまり、企画書は未来を先取りするもので、この点でも、ビジネス書類の中で企画書だけが異質の存在なのです。

企画書には社内向けのものと社外向けがあります。社内向けは対象が社内なので問題意識を共有しやすく、シンプルな企画書にすることができます。一方、社外向けとは、例えば広告会社や企画会社などから提案される企画書のことです。これらの場合は作成者からみると「企画書＝商品」になります。企画書が大きな金額を動かすことになるので、慎重に企画を立案し、企画書に定着させることが求められます。

様々な企画書の種類

- 新規事業に関する企画書
- 新店舗開発に関する企画書
- 新製品開発に関する企画書
- 社内研修に関する企画書
- 社外セミナー実施に関する企画書
- 創立記念事業に関する企画書
- 社内表彰に関する企画書
- マーケティング戦略に関する企画書
- コミュニケーション戦略に関する企画書
- 広告に関する企画書
- ブランド強化に関する企画書
- 新しいブランド開発に関する企画書
- 新しい企業スローガン開発に関する企画書
- 売上げコンテスト実施に関する企画書
- 販売促進に関する企画書
- プレミアムキャンペーンの実施に関する企画書
- 店頭サービス向上に関する企画書

Section 8

企画とアイデアの違いを正しく理解する

2つの違いを区別することが、企画書作成のポイント

■企画はストーリー

私たちはアイデアという言葉をよく使います。アイデアは英語で「IDEA」と書き、「考え・着想・思いつき・計画・意見・思想」などの意味があります。しかし、私たちは日ごろ「考え」とか「思いつき」という意味で使っていることが多いのではないでしょうか。

企画とは前述したように「企て」です。何かの目的があって、それを達成するために行動を起こそうとするのが企画です。つまり、企画には、目的と行動内容が含まれていなければなりません。目的を効率的、かつ効果的にやり遂げるための行動内容の着想がアイデアです。

つまりアイデアは点です。そのアイデアという「点」を企画という「線」の中にきちんと位置づけなければ企画にはなりません。企画は線であり、ストーリーです。ストーリーをきちんと作り上げ、ビジネス文書として定着させるのが企画書なのです。だから企画は英語で「PLANNING」という「進行形」になるのです。

企画とアイデアの違いとは?

アイデア

●本来の意味は、「考え」「着想」「思想」「計画」などのこと

●企画の上では「着想」であり、「点」である

例）宝石でいうと原石

IDEA

企画

●英語で「planning」と書き、「計画を立てる」ことをいう

●アイデアという「点」をロジックで「線」にすることをいう

例）宝石でいうと、原石を磨き上げ、指輪に加工することをいう

PLANNING

Section 9

企画書は「考え方」を表した商品だ！

企画書も商品のひとつとして考えよう

■企画書も商品。中身だけでなく外見も大切

企画書は、あなたが会社の上層部や仕事先の会社に提出するために作り出した「商品」です。企画書が商品である以上、中身も外見も大事です。「中身さえよければいい」というのは明らかに間違い。企画書は受け手が読むことを望んでいるとは限らない、未来に関する書類です。したがって、読みたくなるような魅力の演出が必要であり、不確かな未来に関する書類なので、受け手の不安を払拭《ふっしょく》するような確固たる書き方が望まれます。

企画書では自信のない書き方はいけません。もちろん、読みやすくする配慮も必要です。見出しのつけ方、文字サイズ、文字の形、レイアウトにも配慮して読みやすい工夫をする必要があります。また、1ページにびっしり文字が埋まっていると、それだけで読み手は威圧されます。必要ならグラフや数表、フローチャート（図式）、イラストなども積極的に用いましょう。文章でないほうがわかりやすいことも多いからです。

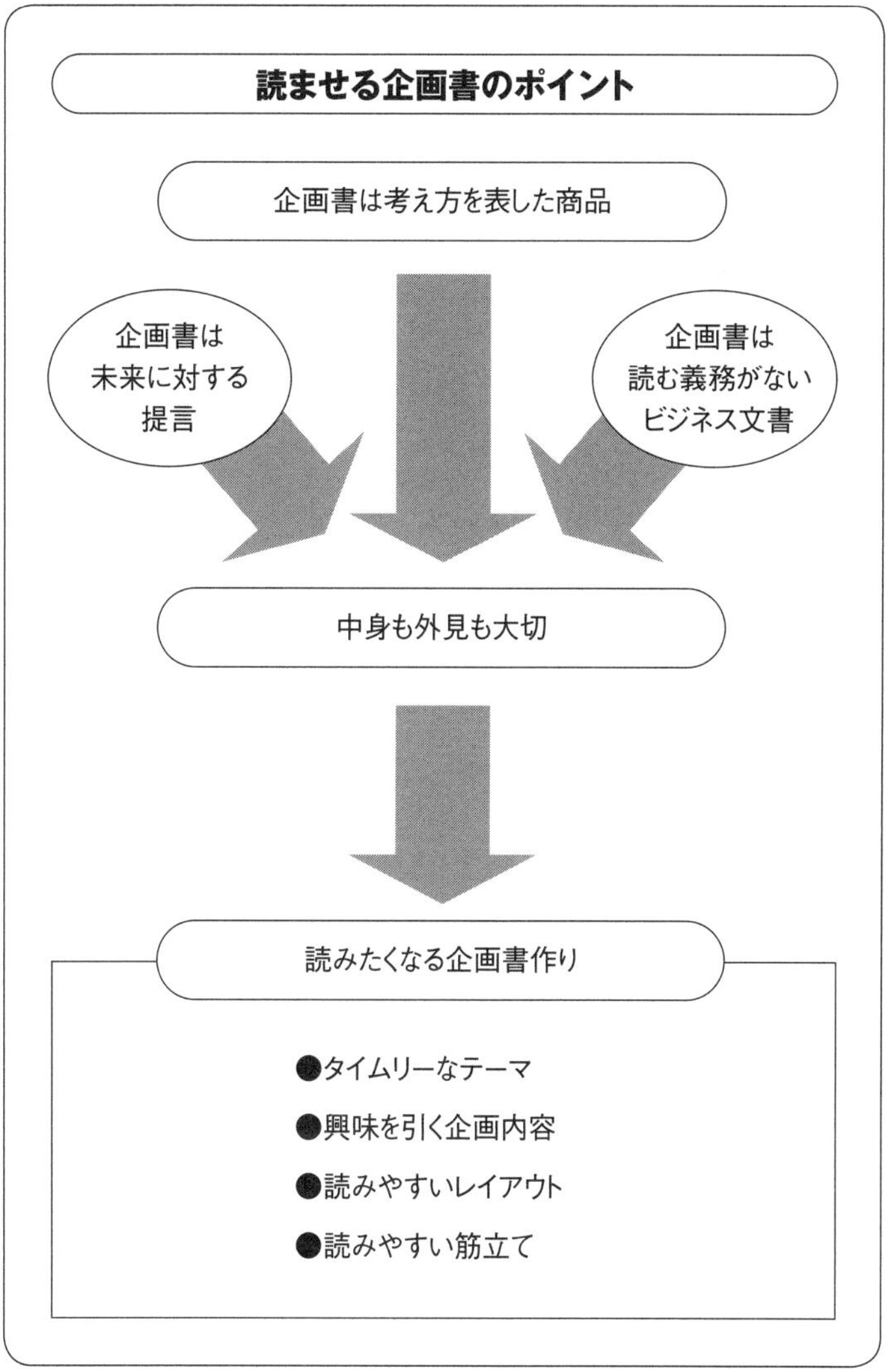
読ませる企画書のポイント
企画書は考え方を表した商品
企画書は
未来に対する
提言
企画書は
読む義務がない
ビジネス文書
中身も外見も大切
読みたくなる企画書作り
●タイムリーなテーマ
●興味を引く企画内容
●読みやすいレイアウト
●読みやすい筋立て

Section 10

「企画目的」とは何か、考えてみよう

企画の目的とは、ゴールそのもの

■最終的に達成すべきゴールが「企画目的」

企画でめざすものを明示するのが「企画目的」です。何を狙うのか、あるいは企画で何を最終的に解決しようとしているのか、または、企画で達成しようとしているものとは何か、それが企画目的となります。

例えば、新製品開発の企画なら、「わが社の売上げ拡大を図るために、新製品で市場の伸びが著しい缶入りエスプレッソコーヒー市場に参入する」という目的の書き方があり得ます。また、企画目的は企画書のタイトルにも影響を与えます。むしろ、企画タイトルに目的を積極的に取り入れるべきです。企画書のタイトルを見ただけで、その企画書がどのような内容なのかが、わかるようになっていたほうが効果的です。

企画目的は「企画のゴール」といってもいいでしょう。最終的に何を達成するのかを示すものです。ゴールがはっきりしていると何をしないといけないかが、わかりやすくなります。

企画の目的とは何か

企画を推進することによって何を解決したいのか

↓

企画目的の例

●販売企画の場合
- 新商品「パスタン」の商品認知の促進を図る
- ユーザー側からの指名買い促進を図る

●広告企画の場合
- 新商品「チャンプ」の知名度向上
- 商品「チャンプ」の旧イメージを払拭し、新しく「大人向き」イメージを醸成する
- 新商品の使い方の理解向上を促す

●マーケティング企画の場合
- 団塊世代向きの新商品の開発
- 旧商品のもつ味覚上の甘さを改善し、より甘さを抑えた新商品の開発を行う
- プレミアムキャンペーンの実施によって、急速な認知の向上と指名買い促進を図る

●社内改革企画の場合
- 社内の融和と一体感の向上
- 社内ナレッジの共有化を促進する

●調査企画の場合
- 消費者の調味料の使用実態を明らかにする
- 自社と他社商品の味覚の受容性比較を行う

Section 11

企画書で何をめざすのか?

最終目的は、相手との共感を得ること

■企画書は説得でなく、共感の獲得

「企画書とは、どう相手を説得するかである」と説いた解説書が多く見られます。本当でしょうか? 相手から説得され、人は本当に積極的に動くのでしょうか? もちろん説得されて行動を起こす人はいるでしょう。しかし、心の底から「こうしたい!」と思いながら行動を起こす人は少ないに違いありません。

人が自発的に行動を起こすのは本当に共感したときです。他者から何かを提案され、その提案内容に「確かにそうだ!」とひざを打ったとき、人はみずから積極的に行動を起こします。共感というのは、自分の中に潜む自分の思いを他者によって気づかされることをいいます。自分で気づかないだけで、もともと自分の中にも同じ思いがあるからです。だから共感したとき、自発的に行動を起こすのです。企画書を作成するとき、相手の中にある思いを、どう意識の上に導くかが重要です。企画書作成では説得ではなく、共感の形成をめざします。

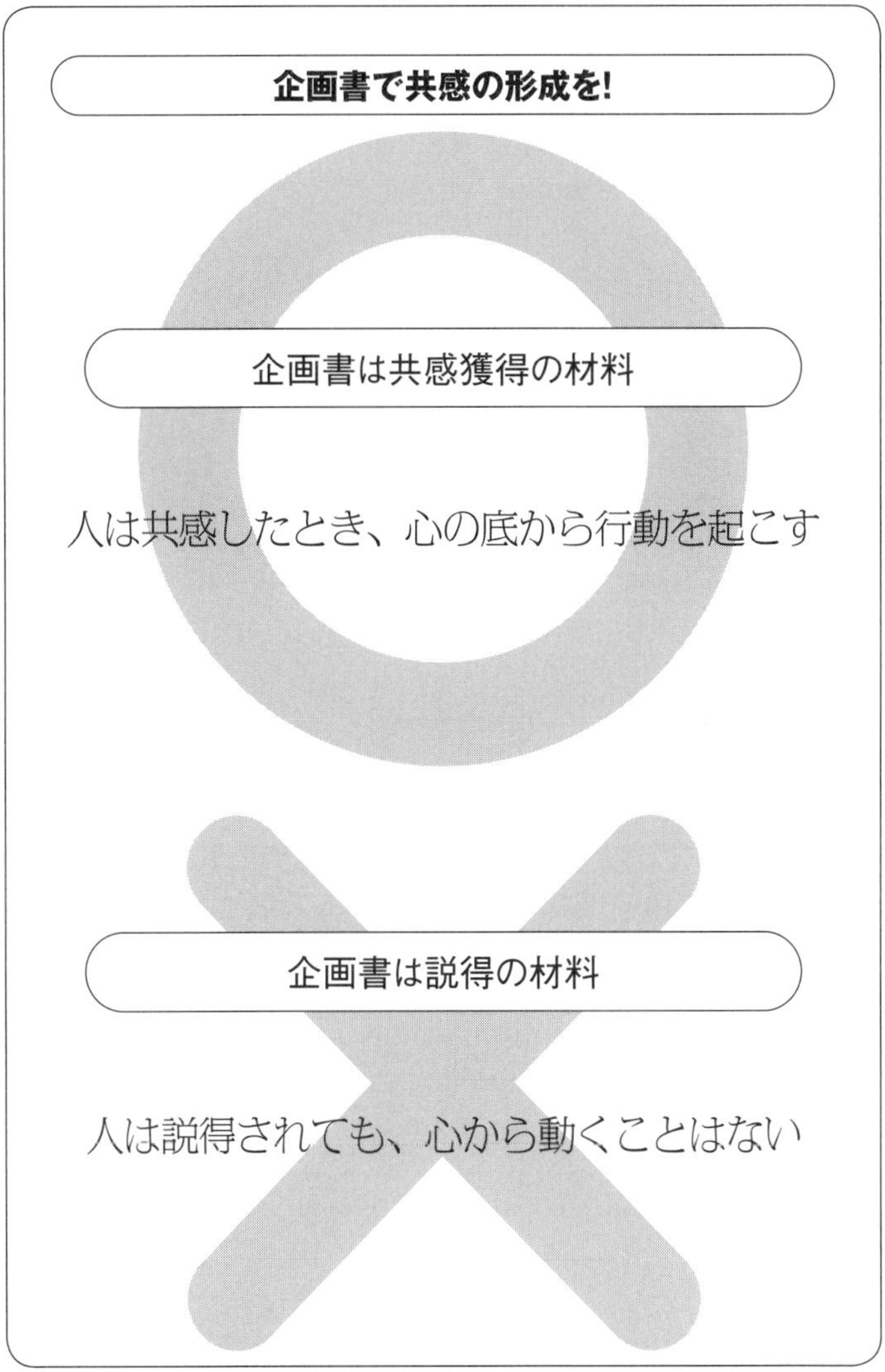
企画書で共感の形成を!
企画書は共感獲得の材料
人は共感したとき、心の底から行動を起こす
企画書は説得の材料
人は説得されても、心から動くことはない

紙の判について

A判（A列）とはもともとは、ドイツの工業規格が起源になった規格サイズで、19世紀末に物理学者のオズワルドによって提案されたサイズです。日本では、このサイズを昭和の初期に日本工業規格として正式にとり入れました。現在では、パソコンの普及などもあり、実質的な世界標準サイズといってもいいでしょう。

B判（B列）は、江戸時代の公用紙である「美濃紙」の流れをくむといわれています。美濃紙は江戸時代に尾張藩が使用し、徳川御三家だけが使うことが許されたサイズでした。ある意味、江戸時代の公文書サイズといっていいでしょう。その美濃紙サイズは、明治になって一般に広く使われるようになりました。そして、このサイズがB判のもとになっています。B判が日本にしか存在しないサイズというのは正しくはありませんが、あながち間違いではありません。B判は国際的にはローカルで、グローバル化した現在ではビジネスでB判を使用するのは適していないといっていいでしょう。

リーガルサイズとは、アメリカでよく使われるサイズで、8.5×14インチの大きさをいいます。メートル法に直せば、約216×356ミリなので、A4サイズよりも幅が約6ミリ、長さが約60ミリ長いサイズです。「リーガル」とは、「法的」という意味で、その名が示すようにアメリカの法曹界で使用されます。契約書や申請書などでよく使われ、いわばアメリカの公用サイズといえるでしょう。

レターサイズもあります。これもアメリカで一般的な用紙サイズで、8.5×11インチ（約216×279ミリ）でA4判よりわずかに幅が広く、縦に2センチほど短い大きさです。その名のとおり、アメリカではビジネスレターや履歴書、大学の論文などで広く使われており、一説にはアメリカのコピー用紙の8割はこのサイズで占められるといわれます。アメリカの代表的な判といっていいでしょう。

第2章

企画書作成の準備をしよう！

アイデアが思いついても、それを企画書に起こすためにはいろいろと準備が必要。準備を万全にすることで、人と差がつく、上司・クライアントに通る企画書を作成することができる！

Section 1

企画書作成のツールを用意しよう!

万全の準備で、完成度の高い企画書を作成する

現在では、企画書を手書きで作る人はいません。パソコンで作ったほうが受け手には読みやすいからです。図版を多用したりなど、手の込んだ企画書を作るなら、やはりパソコンを使うのがベストです。

パソコンで作成する場合、「ワード」や「一太郎」のようなワープロソフトで作成する方法と「パワーポイント」や「キーノート」のようなプレゼンテーション作成ソフトで作る方法があります。どちらがいいとは言い切れず、ケースによって使い分けるのがいいでしょう。

グラフや図や工程図などを企画書の中に挿入するためには「エクセル」に代表される表計算ソフトがあると便利です。また、イラスト作成や写真の加工のために「イラストレーター」や「フリーハンド」などのグラフィックソフトを利用することで、高度な企画書作成が可能になります。そのほか、スキャナーがあると写真や図などを取り込むためになにかと重宝します。

企画書の上級者をめざそう!

**プレゼン作成ソフトかワープロソフトがあれば、
企画書は作成できる**

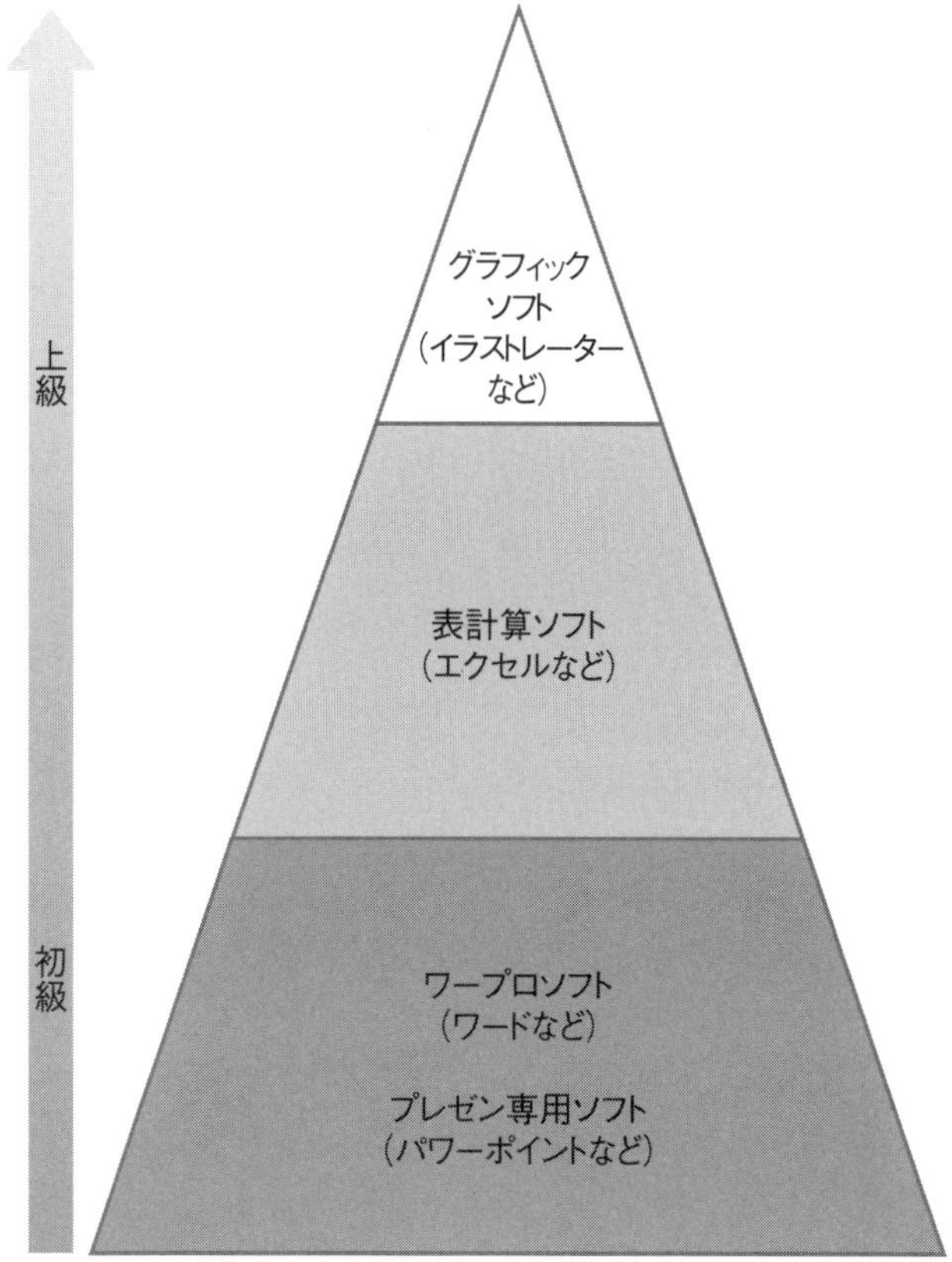

Section 2

オリエンテーションの確認も忘れずに行う

企画書作成の前に、オリエンを正しく理解しよう

■事前確認を怠らない

企画書を作成する場合、自主的に提案することもあるでしょうが、誰かから依頼を受けて企画書作成をする場合もあるでしょう。このように、オリエンテーション（オリエン）を受けて企画書を作成する場合、依頼主の依頼内容を正しく読み取ることが大事です。

事前のオリエンテーションで確認しておくべきことはいくつかあります。その中のひとつは、最終的に何を目標にしているかです。例えば、会社の売上の向上なのか、社内の一体感の醸成なのか、新しい販路の拡大なのかなど、依頼者の真意を把握しておかなければなりません。

もうひとつは、誰が判断するための企画書なのかです。資料ひとつとってみても判断者が誰かによって作り方は異なります。企画書の書き方も同じで、判断者に合わせた書き方が必要になってきます。もし、オリエンテーションだけでわからない場合は、わかるまで何度でも聞いて、明らかにしておかなければなりません。

オリエンの確認ポイントは2つ

何が最終目標なのか?

- 売上の拡大?
- 社内の一体感の醸成?
- イメージアップ?
- 新しい販路の拡大?

誰が最終判断者?

- クライアントの窓口担当者?
- 本部長?
- 社長?

作成前に、相手のことを知りつくしておこう

提出先を知ることこそ「通る企画書」の極意

■徹底的に相手のことを知ろう！

他社に企画書を提出するときは、その会社のことを徹底的に調べなくてはなりません。これは極めて重要なことです。そうすれば、採用される確率が格段と高くなるからです。

例えば、「これからはエコの時代。もっと歩こう！」キャンペーン企画をシューズメーカーに提案したとします。しかしシューズメーカーの大株主が自動車販売会社だったらどうでしょう？ そのキャンペーン企画は採用されるでしょうか。おそらく採用される確率は低いに違いありません。企業は株主に損害を与えることを避けるのが普通だからです。このような失敗をしないためにも資本関係もきちっとチェックしておく必要があります。

そのほか、クライアントによって次のような例があります。

▼提出先が、お酢を製造販売しているメーカーの場合　その会社にマヨネーズの新規事業立

ち上げの提案をしたらどうでしょう？　採用されるでしょうか？　恐らくその企画は採用されない可能性が高いでしょう。なぜか？　それは、その会社とマヨネーズを製造している会社が取引関係にあるかもしれないからです。いうまでもなく、マヨネーズ製造にはお酢が欠かせません。だからお酢の製造会社とマヨネーズ製造会社が取引関係にある可能性が高いのです。お酢の会社からしたらマヨネーズ会社は大事なお客さん。その大事なお客さんと争うような新規事業提案を採用する可能性は少ないでしょう。

つまり、企画を提案するに当たっては、企画提出先の取引関係を十分に把握しておかなければいけないということです。

▼将来、健康食品への進出を考えていた場合　それがわかっていたら健康に関する新しい番組企画を提案すると採用される確率は高いのではないでしょうか。企画を提案する相手の企業の将来ビジョンや構想を事前にチェックしておくことも大事なことです。

▼きまじめな企業文化を持った会社の場合　このような会社におちゃらけのイベント企画を提案しても採用される確率は低いはず。同じイベントを提案するにしても、真摯《しんし》な印象を与えるイベントを提案するほうが断然採用される確率が高いのはいうまでもありません。

▼営業力が弱く、開発力が優れている企業の場合　もしこのような会社なら、プレゼンの場でイニシアティブを握るのも開発セクションである可能性が高いかもしれません。だとすると、開発セクションを強く意識した企画だと採用の確率は高くなりますし、発言力の弱い営業に重点を置いた企画は通りにくい可能性があります。提案先の社内の力学を事前に知っておくことも大事なことです。

▼キーマンが「野球大好き人間」の場合　このような相手にサッカーへのスポンサード案を提案したらどうでしょうか？　採用されるでしょうか？　サッカーへのスポンサードよりも、プロ野球ナイターの企画を提案したほうが承認されやすいのではないでしょうか。相手のキーマンの趣味・嗜好をしっかりと把握しておきましょう。企画の採用確率を高めるためにも。

企画書は採用されるかどうかが事前にはわからないことが多いものです。採用の確率を高めるためには、「まずは敵を知る」ことです。それも徹底的に。提出先企業について不勉強なままに企画提案する愚かさは避けるべきです。

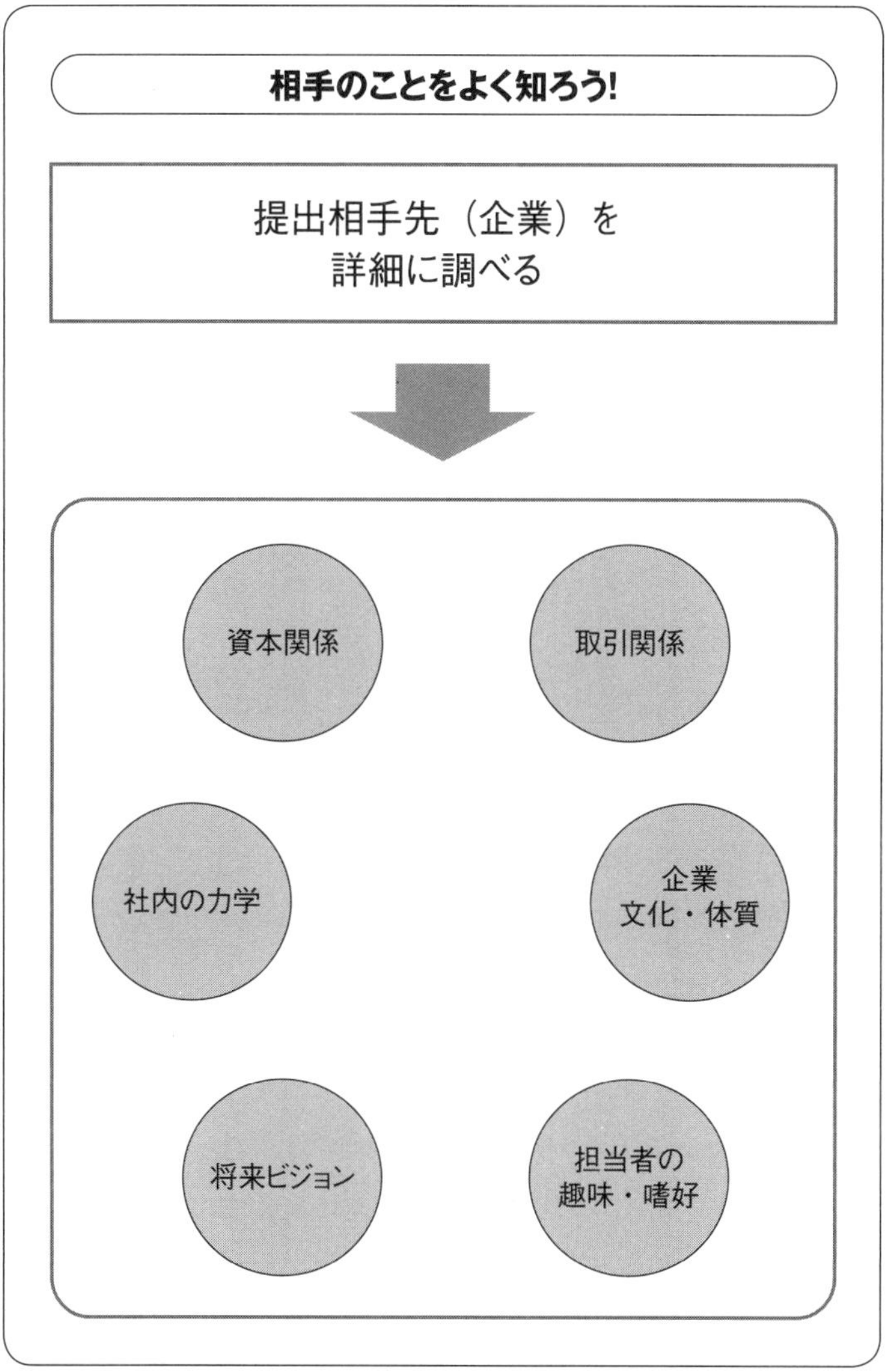
相手のことをよく知ろう!
提出相手先（企業）を
詳細に調べる
資本関係
取引関係
社内の力学
企業
文化・体質
将来ビジョン
担当者の
趣味・嗜好

Section 4

企画書の作成前に、現場を把握する

すべてのヒントは現場にある！

■まず現場に出かけてみる

企画書はビジネスにおける現状の改善なり改良を意図したものです。改善案や改良案を考える前提となる現状がどうなのかを知っておく必要があります。そのため、企画書を作成する前に、まずは自分で現場に出かけて、つぶさに観察することが必要です。特に商品の販売促進や新製品の開発、店頭プロモーションなどの企画などを考えるのなら現場に出かけ、店頭の状況やお客さんが商品を手にする様子を観察しておくべきです。

自分で現場で見たり聞いたりしたことは生の情報です。生情報をたくさん仕入れていると、いつかそれがいいアイデアに結びついたり、勘が働いたりします。まずは、現場に出かけてみることが大切なのです。

すべては現場で起きているのですから問題点を導き出すヒントも、解決のヒントもすべて現場にあるのです。その現場を観察することは、企画書作成作業の初歩の初歩です。

企画書作成の前にやっておきたいこと

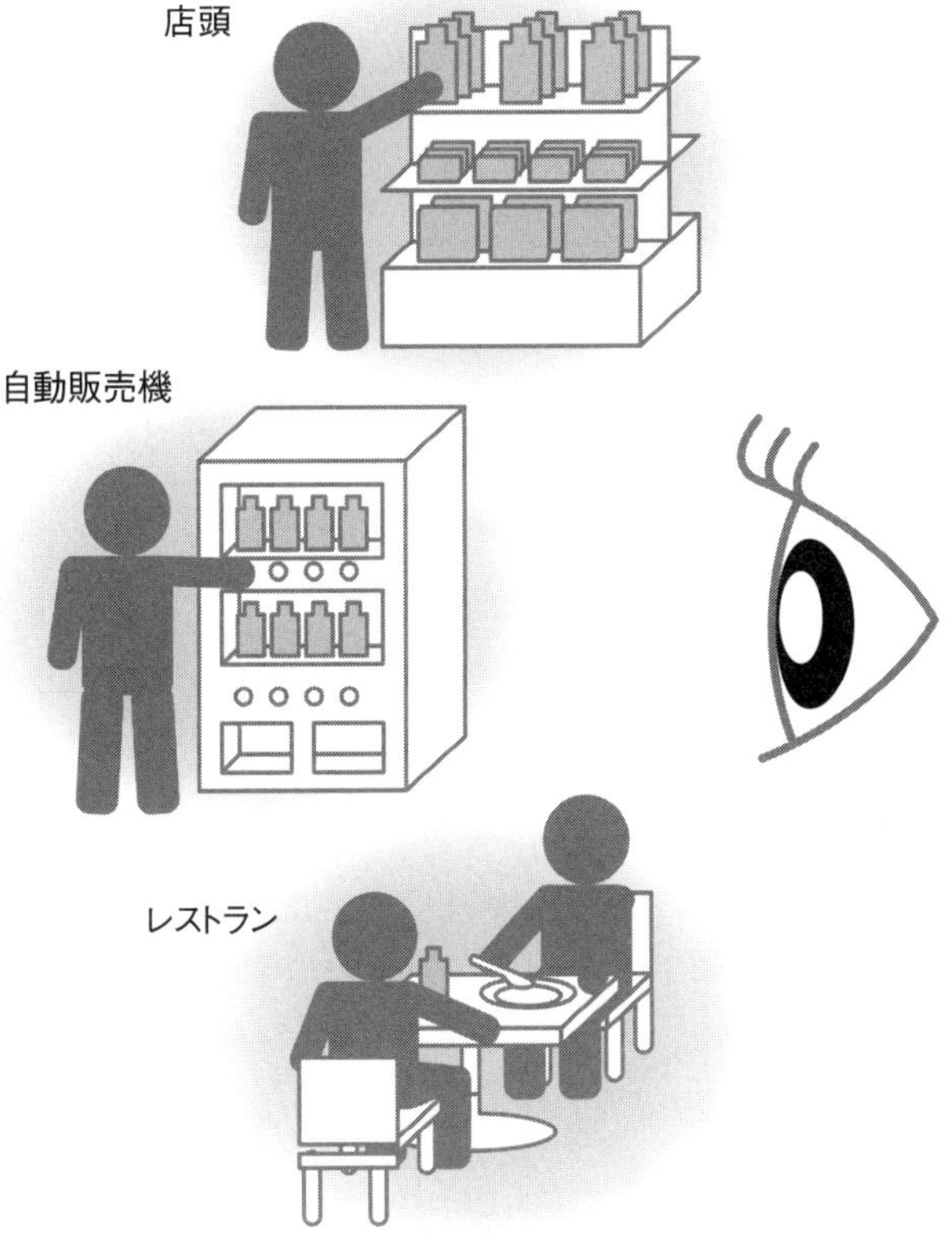

店頭での購入の様子、自動販売機の前での行動、レストランや街中で人々の行動を観察する。企画立案には、現場に出かけてみることが最も大事

■身近な人に聞いてみる

また、人に聞くのも手です。例えば新商品の開発なら、現在のユーザーに商品の使用に関して聞いたり、逆に、ノンユーザーにその商品を使わない理由を聞いたりします。そんな取材結果をもとに企画を練り上げていきます。

ひとりの消費者として、奥さんや彼女に聞くのもいいかもしれません。新しい発見があると思います。

他の人がどう思っているのかを知ることで、自分とは別の視点で企画を考えることができます。そのテーマに対して自分がよほど熟知しているのならいいのですが、そうでないなら、まずは他者の声に耳を傾けることです。

■社内でアンケートをとってみる

社内でアンケートをとってみるのも、ひとつの方法です。考えなければならないテーマや商品や企業やブランドについて、社内の人はどう思っているのかを知ることも企画を考えるうえで参考になります。自分以外の人の意見や考えは、自分でも気づかないことを気づかせ

現状把握のための情報収集のしかた

身近な人への取材

社内アンケート

公開されているデータ

新聞・雑誌の記事

インターネット経由のデータ

てくれることが多いからです。それに社内が対象だと経費もほとんどかかりません。企画書作成に取り組む前に、ぜひ簡単なアンケート票を作って社内で調査をしてみましょう。必ず何か新しい発見があるはずです。秘密保持の問題がない限り、社内アンケートを企画立案作業の一部に組み込んでもらいたいものです。

しかし、気をつけなければならないのは、社内アンケートの結果を無防備に企画書に使わないことです。社内がテーマの企画ならいいのですが、そうでないならヒントを得るための調査にとどめましょう。あるいは仮説を得るための調査と割り切りましょう。

それは、社内アンケートは調査対象が同じ会社の人間なので、意識や考え方や生活レベル、生活様式がある程度似ている人たちの集団だからです。社内の調査結果を一般論として語るには無理があります。一般化するには、社内アンケートの結果をさらにきちんとした調査で検証することが必要になってきます。

■オープンデータを調べてみる

身近な人に聞いたあとは、公開されている「オープンデータ」がないかどうかを調べてみます。日本は世界でも有数な、公的データが整備されている国です。政府や地方自治体、業界ごとの協会などが積極的に統計をとり、データを公開しています。

政府のデータは、例えば、日本の総人口や県別人口、小売の物価統計などは総務省が、住宅着工統計などは国土交通省が、商店数を調べた統計では経済産業省が商業統計として、それぞれデータを公開しています。

地方自治体でも人口動態などのデータをとっています。業界ごとのデータとしては、クルマに関するデータなら社団法人日本自動車工業会が生産実績や輸出実績などを調べていますし、インスタントラーメンの生産量なら社団法人日本即席食品工業協会が統計をとって公開しています。これらの公開されているデータを使うと、広く世の中全体のマクロな状態が把握できます。自分で感覚的に判断するよりも、もっと精緻で客観的な判断が可能になるのです。

目先の状態だけで考えず、一度大局的な見地から世の中の動向なり市場を眺めるようにするためにも公開されている公的データは有効です。新たな発見があるだけでなく、未来を考えるうえでの大きな推移がつかめます。それは企画の客観性や共感の向上にも役立ちます。

■記事もデータとして利用してみる

公開されているもの以外にもデータは存在します。日々発行されている新聞や雑誌もデータのひとつといえるでしょう。新聞や雑誌の記事は、世の中の動きを反映し、どのように生活が変わってきているのか、何に関心が動いてきているのかなどを映し出しています。これらの記事は仮説の裏づけや企画の発想にも使えます。例えば、記事に登場するキーワードを抜き出して並べてみても発見がありますし、キーワードの出現頻度を時系列で分析するのにも意味があります。時代のある断面を物語っているからです。

同じように、新聞や雑誌の広告表現を分析する方法もあります。広告は時代の合わせ鏡といわれます。広告を分析することで時代の「気分」が把握できます。例えば家族関係がどのように変わってきているかを広告表現から分析するのも面白いでしょう。今と5年前、10年前、20年前、30年前……の家族が登場する広告を集めて、広告表現の中にどのように家族が描かれているかを分析してみるのです。

雑誌の特集を分析するのも意味があることです。特集の内容がどのように変わってきているかを昔と今で比較するのも興味深い示唆が得られるでしょう。

データとは何も調査データだけではありません。データは、工夫次第で様々な方法で得ることができるのです。

■インターネットからデータを得る

今やインターネットを使うと大量の情報を自宅に居ながらにして得ることができます。多くの組織や企業がインターネットで積極的に情報を公開しているからです。しかも政府の公開データを初めとして、うれしいことにインターネット上の公開データは、そのまま表計算ソフトに落とすことができるものも多くあります。だから、そのままグラフ化して企画書に添付することも可能です。便利この上ない感じです。

ただし、インターネット上の情報は正しいものばかりではありません。なかには流言飛語に近い情報も多くあります。気をつけて使用しないと大きな間違いを犯すことにもなりかねません。少なくとも出典が不明なものは疑ってかかるべきで、企画書に使用してはいけません。

オリジナルデータを開発してみよう!

ときには、調査はプロの手を借りて

■オリジナル調査は専門家に任せるのがベスト

調査の設計で大事なことの第一は、何が調査目的かを明確にしておくこと。目的が希薄だと調査の課題も不鮮明になります。そうなると調査で何を聞けばいいのかの調査ポイントもあいまいになってしまうのです。また、調査で知りたいことをそのまま調査項目にすると、平板な調査になってしまいます。深みのある調査にしようとすると素人の手には負えません。多大なコストをかけて実施するのですから、専門家に任せるのがいちばんです。

調査では「サンプリング」が重要です。サンプリングとは、何を母集団にして、どのようにして調査対象者を選び出すのかの方法をいいます。このサンプリングがいい加減だと調査結果もいい加減なものになります。サンプリングは見えにくく、ブラックボックス化するのが常です。まずは信頼できる調査会社に相談に乗ってもらいましょう。

オリジナルデータ開発で現状を把握する!

オリジナルに調査を企画して、現状を把握する場合の調査企画作業フロー

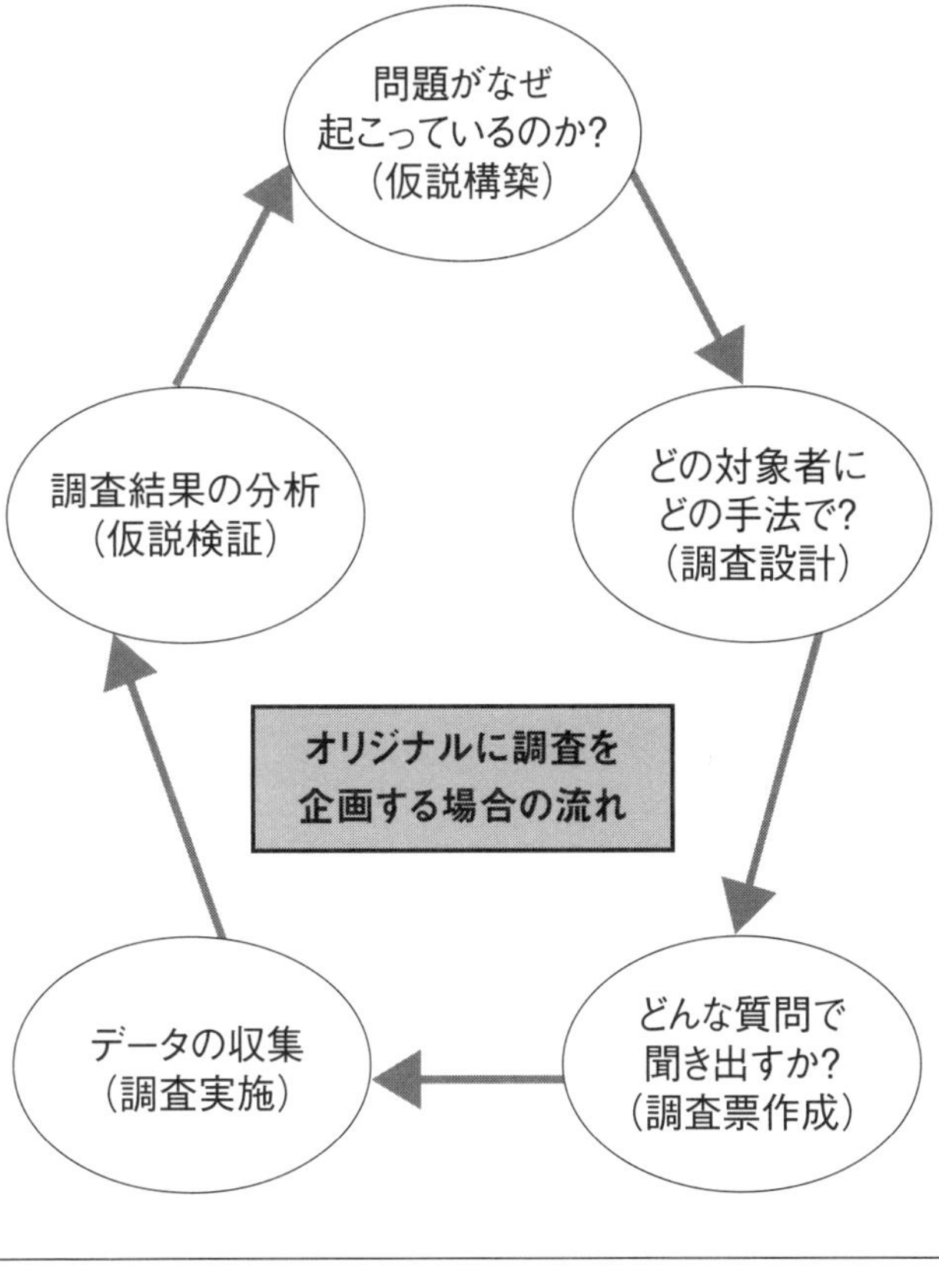
問題がなぜ起こっているのか?（仮説構築）
どの対象者にどの手法で?（調査設計）
どんな質問で聞き出すか?（調査票作成）
データの収集（調査実施）
調査結果の分析（仮説検証）
オリジナルに調査を企画する場合の流れ

Section 6

現状把握のための「定量調査」と「定性調査」

2つの調査方法を効果的に使い分けよう

■数字で表せるのが「定量調査」、表せないのが「定性調査」

調査には「定量調査」と「定性調査」があります。定量調査は数字で結果が表せるもので、一方の定性調査は文字情報で結果を表す調査のことです。

定量調査の代表は、番号に丸印を付けて答えてもらうアンケート式調査です。また、定性調査の代表はインタビュー調査です。インタビュー調査は口述で結果が得られるものであるため、数字に置き換えることができません。この2つの調査は、どちらもそれぞれ調査としての利用度が高いのですが、定量調査は数字で表れるので結果の処理が容易です。

しかし、定性調査でも企画をあと押しするために有効な使い方があります。調査対象者の声を好意的な意見とそうでない意見に分類・整理することで、現状が数値という形で透けて見えてくるのです。また、取材に答える対象者の様子をビデオに録画すれば、生の声をプレゼンテーションの場で聞かせることができ、効果絶大です。

定量調査と定性調査の違い

定量調査

■数字で把握

– 番号で答える

– 数字で答える

■集計が簡単というメリットがある

■選択方式のアンケート調査が代表例

※マークシート法は、定量調査といえる

定性調査

■思いを言葉で把握

– 文章で答える

■答える人の考えが深いレベルで把握できる

■取材調査（聞き取り調査）などが代表例

Section 7

調査には、洞察力が重要！

企画は真理を追い求める洞察力のたまもの

■調査の対象は「人間」だということを忘れないこと

調査を行うのに必要なのは洞察力です。消費者の心のありようを深いレベルで理解しておくことが何よりも重要なのです。つまり、消費者の本音を把握したうえでの調査でないと実践では使えないのです。深い洞察力が働いていないと平板な調査しか立案できず、そのような平板な調査で得られたデータでは誤った判断をしてしまうことがあります。

例で説明しましょう。例えば、クルマのユーザーに対する調査結果で、A車に乗っている人が100人いたとします。一方、同クラスで、B車に乗っている人が500人いたとします。つまりB車のほうがユーザーの数が多いのです。次にこの2つのクルマの使用満足度をユーザーに質問して、A車のユーザー満足度が80％、B車のユーザー満足度が30％であることがわかったとします。この2つの質問の回答結果を用いて、どちらのユーザーを攻略したほうがいいのかを決めなければならなかったとします。読者のあなたはいったいどちらのユ

洞察力を盛り込んだ例

Q1　あなたが現在乗っているクルマの車種は何ですか?

A車　100 人

B車　500 人

Q2　あなたは現在乗っているクルマに満足していますか?

A車［満足］　80%

B車［満足］　30%

＋

洞察力

人には同じ車種にとことん乗り続けたい人といろいろな車種に乗って楽しみたいという 2 つのタイプがいるのでは…?

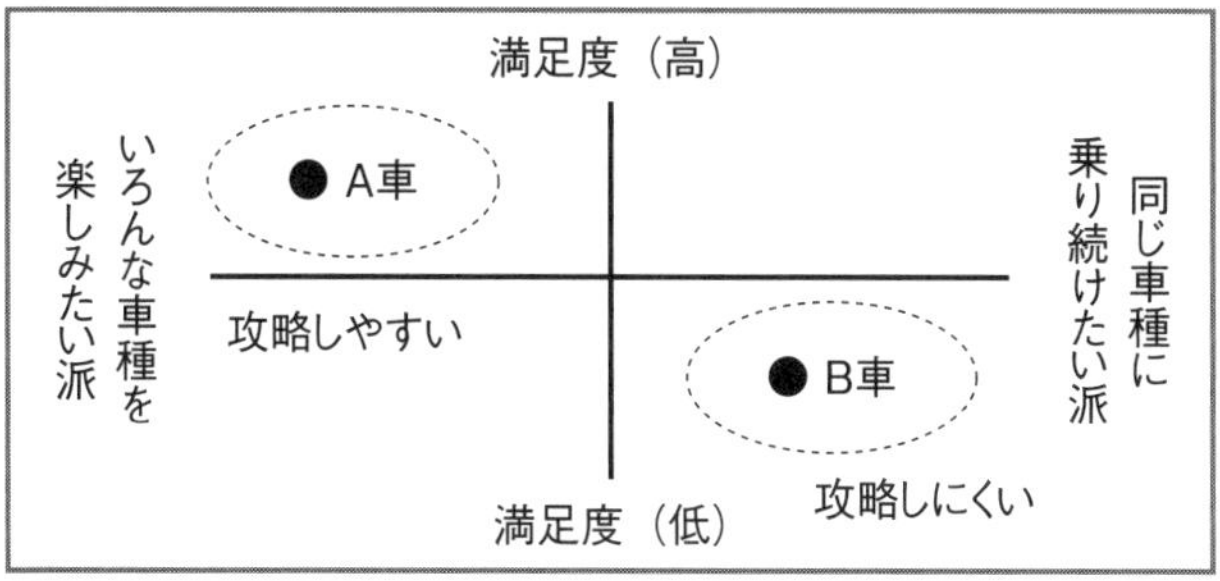

質問 1 と質問 2 の結果だけからならB車のユーザーを攻略したほうが得策という結論になる。しかし、洞察を加えると、必ずしも同じ結論になるとは限らない

ーザーを狙ったほうが得策だと考えますか？　市場性が大きいのはB車のユーザーです。そして、ユーザー満足度が低いのもB車のユーザーです。この2つの調査結果から考えると、明らかにB車ユーザーを攻略するのが得策だと結論づけることができます。しかし、本当に正しいのでしょうか……。

私の結論は「これだけでは判断できない」というものです。ここにはクルマユーザーの気持ちが投影されていません。私は「クルマユーザーには2つのタイプの人がいる。同じ車種のクルマをいつまでも乗り続けたい人と、いろんな車種のクルマをあれこれ乗り換えていきたい人の2つのタイプがある」と考えます。が、これは正しいかどうかはわかりません。このことから、クルマのユーザー調査をするときには「あなたは次のうち、どちらのタイプに属しますか」とひとつの質問を加えるだけで、まったく違った分析が可能になります。

もし、1問加えて、その結果、A車のユーザーは確かに数は少ない。そのうえ、ユーザー満足度も高い。しかし、同じ車種を乗り続けたい人がA車ユーザーでは20％。B車では90％だったとしたらどうでしょうか。B車ユーザーよりもA車ユーザーを攻略すべきだという結論が得られるのではないでしょうか。

この例のポイントは「ユーザーにはいろんな違った車種を楽しみたい人と、同じ車種をとことん楽しみたい人の2つのタイプがある」という点にあります。調査では、このような仮説を織り込めるかどうかが重要なのです。このような仮説を織り込んだアンケート票を作成し、この仮説を分析軸にして考察を加えていきます。その結果、例えば先述のような結論が導き出せるのです。

調査はただ単に知りたい項目だけを安易に並べて対象者に聞いても、有効なデータが得られるとは限りません。消費者に対する深い洞察力を働かせ、それを組み込んだ調査にしないと有益な調査にはならないのです。

人間に対する洞察力、これが企画においては重要です。それは、広告企画、販促の企画、新製品開発の企画、調査の企画であろうと同じです。あらゆる企画には鋭い人間洞察力が必要なのです。企画とはもともと人間洞察の産物だからです。

深く現象を見つめ、その背後にある真理に近づく。それがあらゆる企画に求められることです。

Section 8

データを整理して、考えをまとめよう！

現状整理のための「SWOT分析」

■現状を客観的に把握できる

集めたデータは整理しなければ、そのままでは使えません。整理するためのひとつの方法が「SWOT分析」です。「SWOT」とは、ハーバード・ビジネススクールで開発された分析手法で、「Strength（強み）」「Weakness（弱み）」「Opportunity（機会）」「Threat（脅威）」の頭文字をとって命名されました。

SWOT分析では、外的環境（要因）と内的環境から、さまざまな事実データを「強み」「弱み」「機会」「脅威」の4つに分類します。このようなマトリクス表があれば現状把握が容易にでき、一目瞭然で理解できるでしょう。加えて、問題意識を共有化しやすいメリットがあります。問題点がはっきりすると、どのように強みを生かすか、どのように弱みを克服するか、どのように機会を利用するか、どのように脅威を取りのぞくか……、と考えを進めていきます。その結果、解決の方向がみえてくるのです。

データの整理の方法

	外部環境	
	機会 opportunity	脅威 threat
内部環境 強み strength		
内部環境 弱み weakness		

現状のデータをSWOTのマトリクス表に記入して整理する。そうすることで、問題点が一目瞭然となる

Section 9

データから仮説を立ててみよう！

仮説を立てることで、考えやすくなる

■データを眺めながら仮説を立ててみる

データを集めてSWOT分析を行うのも方法ですが、一方でデータを眺めて自分なりに仮説を立ててみるのも有効な方法です。

データを集めてじっと見ていると、いろんなことが思い浮かんでくるでしょう。データの背後にある真理の一端が垣間見えた気になることがあります。例えば、「お笑い系のテレビ番組の視聴率が好調である」とのデータから、「人々は陽気さを望んでいるのではないか？」との思いが頭を横切るでしょう。たったひとつの事実情報から仮説を導き出すこともできるでしょうし、いくつか同種のデータがあることで仮説を導き出すこともできるでしょう。

仮説が立てられ、その仮説が「きっと正しいに違いない」となれば、「陽気さを演出するような商品を開発すれば、はやるかもしれない」という解決の方向性が得られます。データを見ながら仮説の立案をする訓練は、ぜひともしてほしいものです。

データから仮説を立ててみよう!

事実情報

- お笑い番組「○○○」のテレビ視聴率が好調
- テレビの漫才番組「△△△」が人気
- ギャグマンガが人気

↓

仮説

今、人々は陽気さを求めているのではないか?

↓

解決の方向

だとしたら、陽気さを演出するような商品を開発すればいいのではないか?

Section 10

仮説の検証をしよう！

仮説は検証して初めて価値をもつもの

■独自調査やオープンデータで仮説を検証

仮説は検証することが必要な場合もあります。必要な場合とは、その仮説が「にわかには信じがたい」と思う人が多い場合です。このような場合は仮説を検証して「確かに正しい」と証明しなければなりません。「きっとそうに違いない」と多くの人が思う仮説なら、わざわざお金をかけて仮説を検証する必要はありません。

仮説の検証には２つの方法があります。オープンデータで検証する方法と独自に調査を実施して検証する方法です。前者の場合は、公的データや無料で開放されているデータ、新聞・雑誌の記事などを使って検証します。

仮説はひとつのデータだけで検証を試みるのは危険です。必ず複数のデータや記事で証明するようにします。独自に調査を企画して検証する場合、専門の調査会社に依頼して仮説の検証をするのが無難です。餅は餅屋にまかせることです。

仮説検証にいたるまで

仮説はあくまでも仮の説
正しいかどうか定かではない

↓

検証する必要がある

↓

●オープンデータで検証
公開されている公的データ
新聞・雑誌の記事
（無料で公開されている各種データ）
●オリジナル調査で検証

Section 11

仮説に基づいてアイデアを捻出しよう！

とにかく制約をはずして、自由に考えてみよう

■すべての制約をいったんはずして考えてみる

「きっと正しい」という仮説が得られたら、その仮説に基づいてアイデアを出していきます。この場合、必ずしもいいアイデアを出さないといけないということありません。斬新で鋭い仮説なら、それだけで十分聞き手の感動を呼ぶことができるので、少々企画の完成度が低くても承認されることがあります。納得できる仮説であるのなら、例え陳腐なアイデアでも、承認が得られるまで何度でも練り直すことができるからです。しかし、仮説はいったん相手に提示したら、修正も取り替えることもできません。鋭い仮説を導き出して、仮説だけで相手の高い共感が獲得できるなら、こんなにすばらしいことはありません。

仮説に従ってアイデアを出すときには、制約をすべてはずして考えましょう。すべての制約をはずして考えると、斬新でいいアイデアが出てくるものです。最初は自由に発想し、あとから制約条件をフィルターにしてアイデアを選別していけばいいのです。

仮説に基づいてアイデアを出そう!

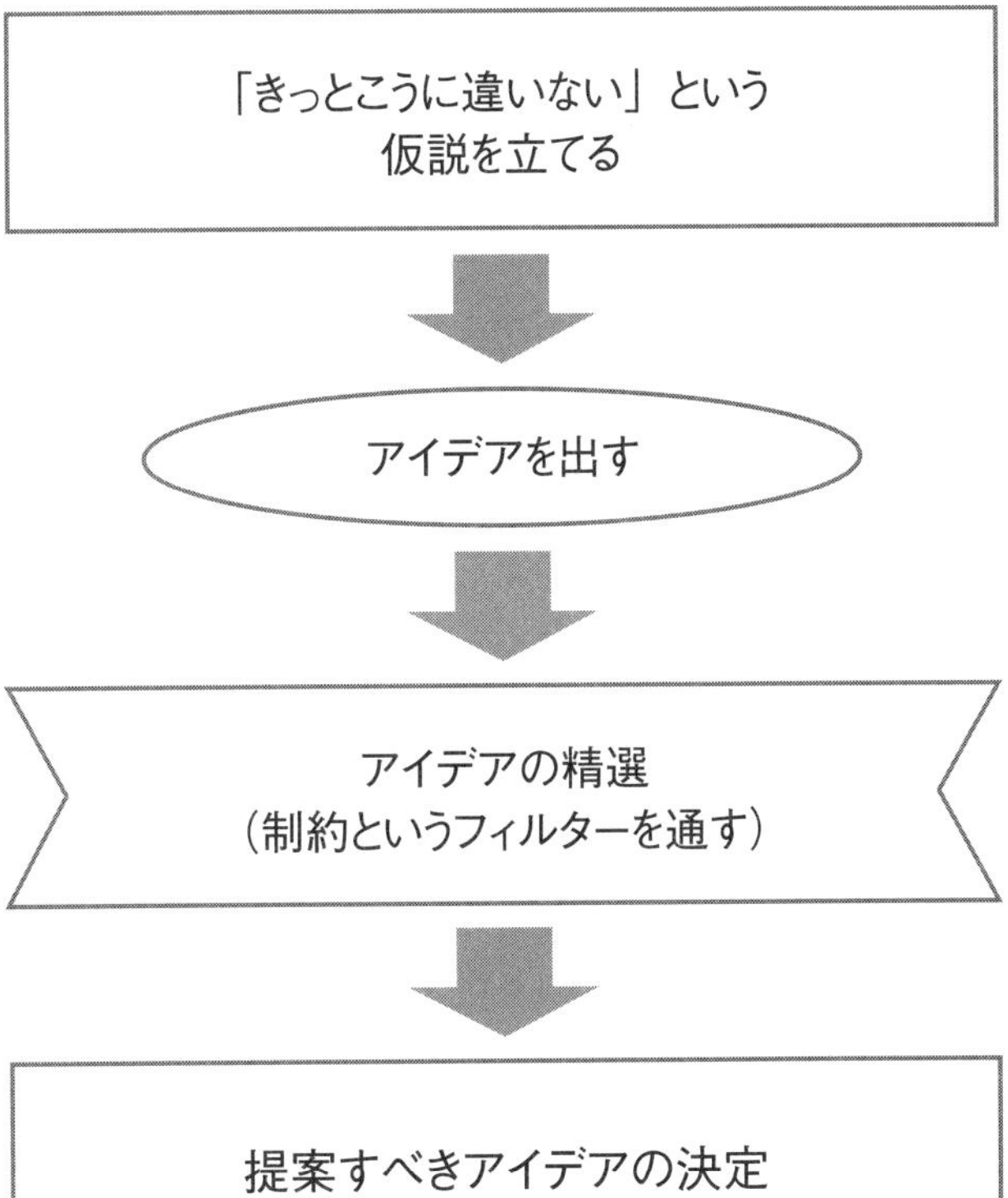

たくさんのアイデアや斬新なアイデアを出そうと思うなら、最初は制約を忘れ、アイデアを出すこと。アイデアを出し切ってからオリエンで提示された条件を加味して、精選していけばよい

Section 12

アイデアを企画に発展させよう！

アイデアは企画になってこそ、価値がある

■アイデアを「点」から「線」にするのが企画

本書の最初の章で説明しましたが、アイデアは発想であり、思いつきです。そのままでは企画にはなりません。企画には「課題を解決する」という意志が必要です。今、どのような課題があるのか、その課題をどのようにして解決するのか。それが明らかにされてこそ企画です。アイデアという「点」を企画という「線」にするには、戦略の中にアイデアを置いてみることです。マーケティングの企画なら、マーケティング課題を明らかにして、解決するためにターゲットやコンセプトを明らかにし、実行施策としてのアイデアを示すことです。

新製品開発の企画を例にとると、「今までの美白商品は手軽ではなかった」として問題点をとらえ、「手軽に摂取できる商品があればいい」という解決の方向を決め、「食べるだけで美白になれるキャンディがあったらいい」とするのがアイデアです。これをＯＬをターゲットに、「美白キャンディ」というコンセプトで展開すれば企画に仕上がります。

企画に発展するまでのプロセス

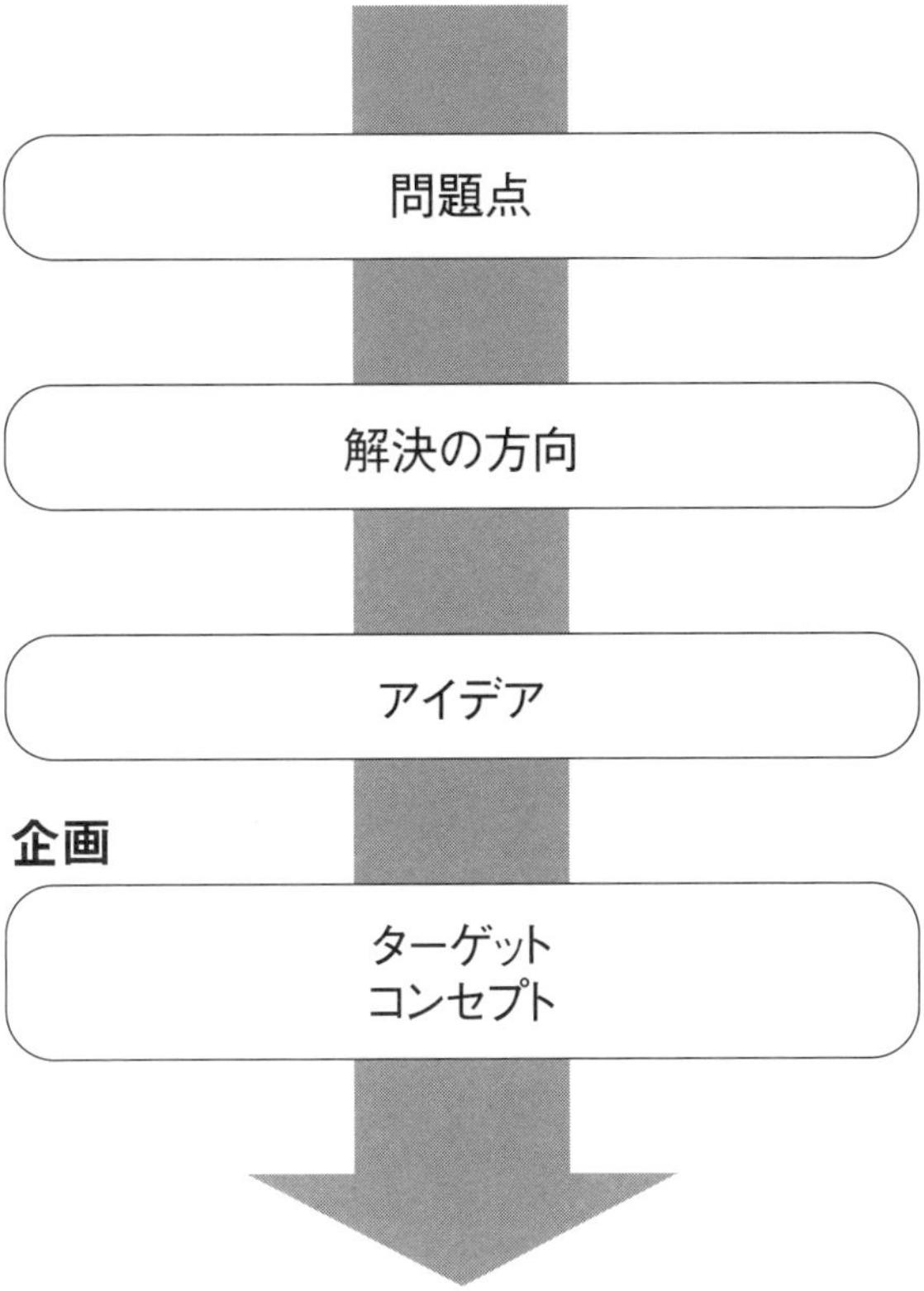

アイデアは点。問題点を探り、解決の方向を導き出し、解決のためのアイデアを発想する。そして、ターゲットやコンセプトを設定して、アイデアを一本の線にしていくのが企画

Section 13

企画を思いついたら、人に話してみよう！

意外なアイデアが、手に入るかもしれない

■話すことで頭が整理され、アイデアも追加される

企画はひとりで立ててはいけません。ひとりだとどうしてもアイデアの幅が制限され、面白いアイデアが期待できないからです。加えて、アイデアを導き出した考えに、無理があることに気づかないままのことも少なくないからです。

あなたにも経験がありませんか？　人と話しているあいだに、次々といい考えが浮かんできたことが。人と話すと企画のストーリーの悪いところが自分でも気がつきます。また、他人に企画を説明しようとすると、一部分だけを説明しても理解してもらえないので、自然と企画の全体を道筋立てて説明しようとします。それにより、企画の流れの悪さに気づくのです。

人に話すと、聞き手の相手の言葉がヒントになっていろんなアイデアを思いつくことがあります。また相手からのアイデアも期待できます。

企画ができあがったら、まずは近くの人に話してみましょう。

アイデアは口に出してみる

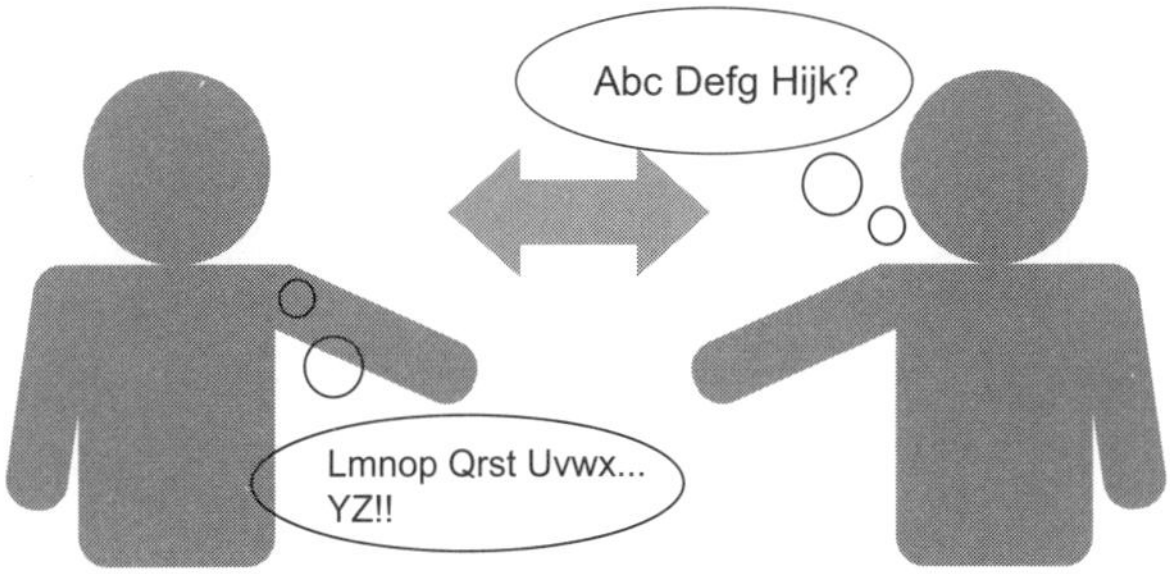

他人に話すと…

●筋道を立てて説明しようとする
⇨企画書のストーリーが正しいのかどうかがわかる

●アイデアを説明する
⇨さらに、いいアイデアが浮かんでくる

●他人からアイデアやヒントがもらえる!

Section 14

効果の予測を考えてみよう

効果がなければ、企画は採用されない！

■企画を採用するかどうかは「効果の予測」で決まる

企画が採用されるかどうかは、どのような「効果」がもたらされるかで決まります。効果が高いと思われれば、その企画は採用されるでしょうし、そうでないなら不採用です。それはビジネスの世界では当然のこと。

企画書の読み手は、多くの場合、会社の上層部か他社（クライアントなど）の人間です。そして、最終的に実行するかどうかの判断基準はこの「効果の予測」の部分です。自社にとってどのようなメリットがあるのかが最終的な判断基準になります。会社の上層部に行けば行くほど、細かい企画アイデアで是非を論じることはありません。広告タレントに人気ロックシンガーを起用するとなっても、そのことについて激しく議論されることはないでしょう。彼らの最大の関心事は、企画の目的と、それに向って行動を起こすことによって、何が最終的に達成できるかです。加えて、企画は費用対効果が高ければ承認されるのです。

効果のない企画は価値もない!

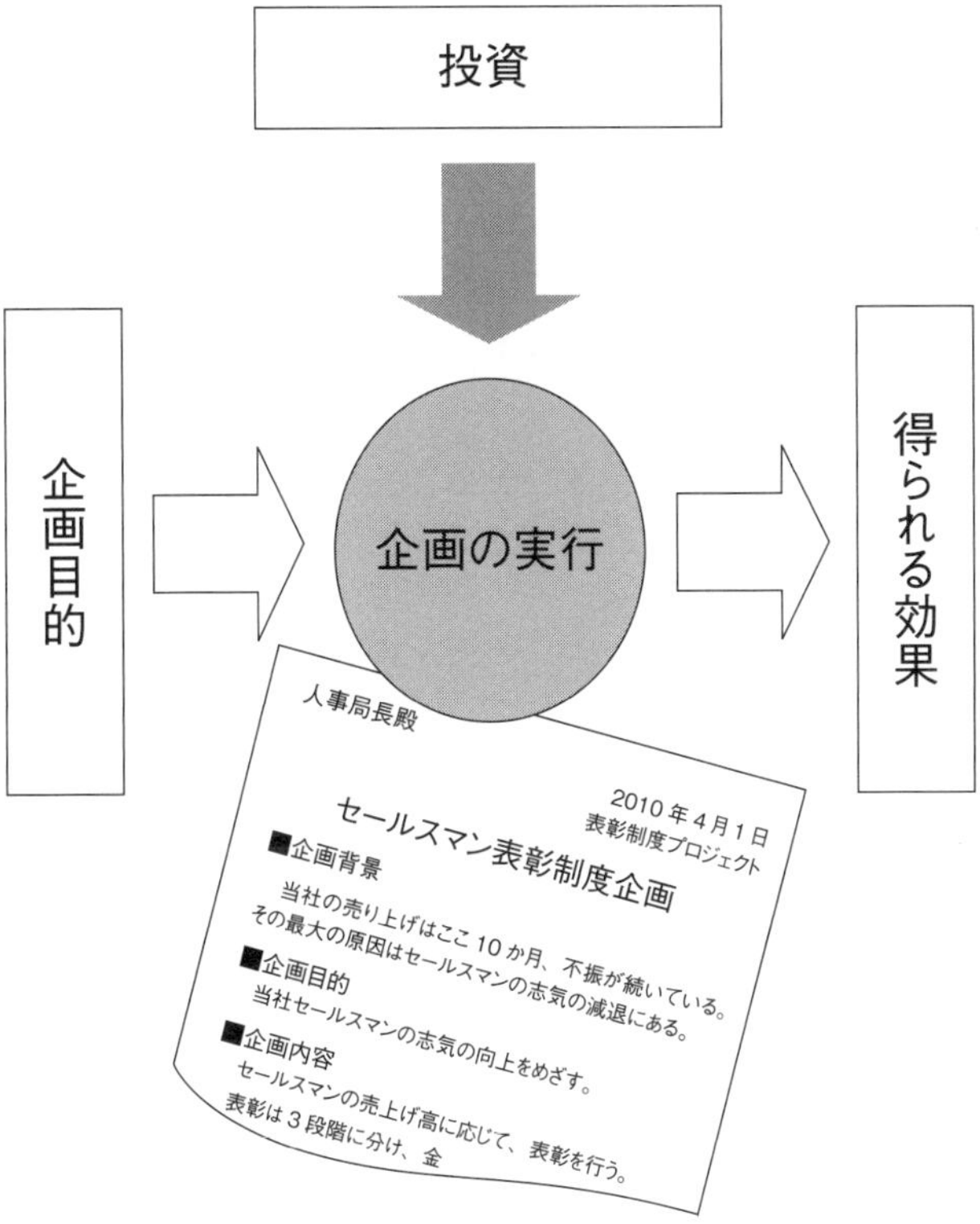
投資
企画目的
企画の実行
得られる効果
人事局長殿
2010年4月1日
表彰制度プロジェクト
セールスマン表彰制度企画
■企画背景
当社の売り上げはここ10か月、不振が続いている。
その最大の原因はセールスマンの志気の減退にある。
■企画目的
当社セールスマンの志気の向上をめざす。
■企画内容
セールスマンの売上げ高に応じて、表彰を行う。
表彰は3段階に分け、金

企画が採用されるかどうかは、投資に対してどの程度の効果が得られるかどうかで決まる。企画の効果の予測は不可欠だ

Section 15

企画のスケジューリングをしよう

スケジュールを立てるのは、企画成功の要

■スケジューリングは作業全体のマネージメント作業である

どんなに優れた企画でもスケジュールが依頼主の意向に沿っていなければ、採用されません。企画の効果にも、全体の経費にも大きな影響を与えるのがその理由です。企画は最適な時期を選んで実行されなければ大きな効果は得られません。最大の効果は「最適なアイデアを、最適なターゲットに対して、最適な時期に実施する」ことで得られるからです。

しかも、スケジューリングはそのまま経費に大きな影響を与えます。したがって、スケジューリングの立案を行うのは、スタッフの中でもいちばん現場に精通し、全体を俯瞰《ふかん》できる人、例えば、大工さんなら棟梁などが行うべきです。現場に精通していないと何にどれだけの時間がかかるかわからないし、企画にとっての最適な時期がいつかもわかりません。スケジュールの作成は、「マネージメント作業」でもあるからです。

調査におけるスケジュールの例

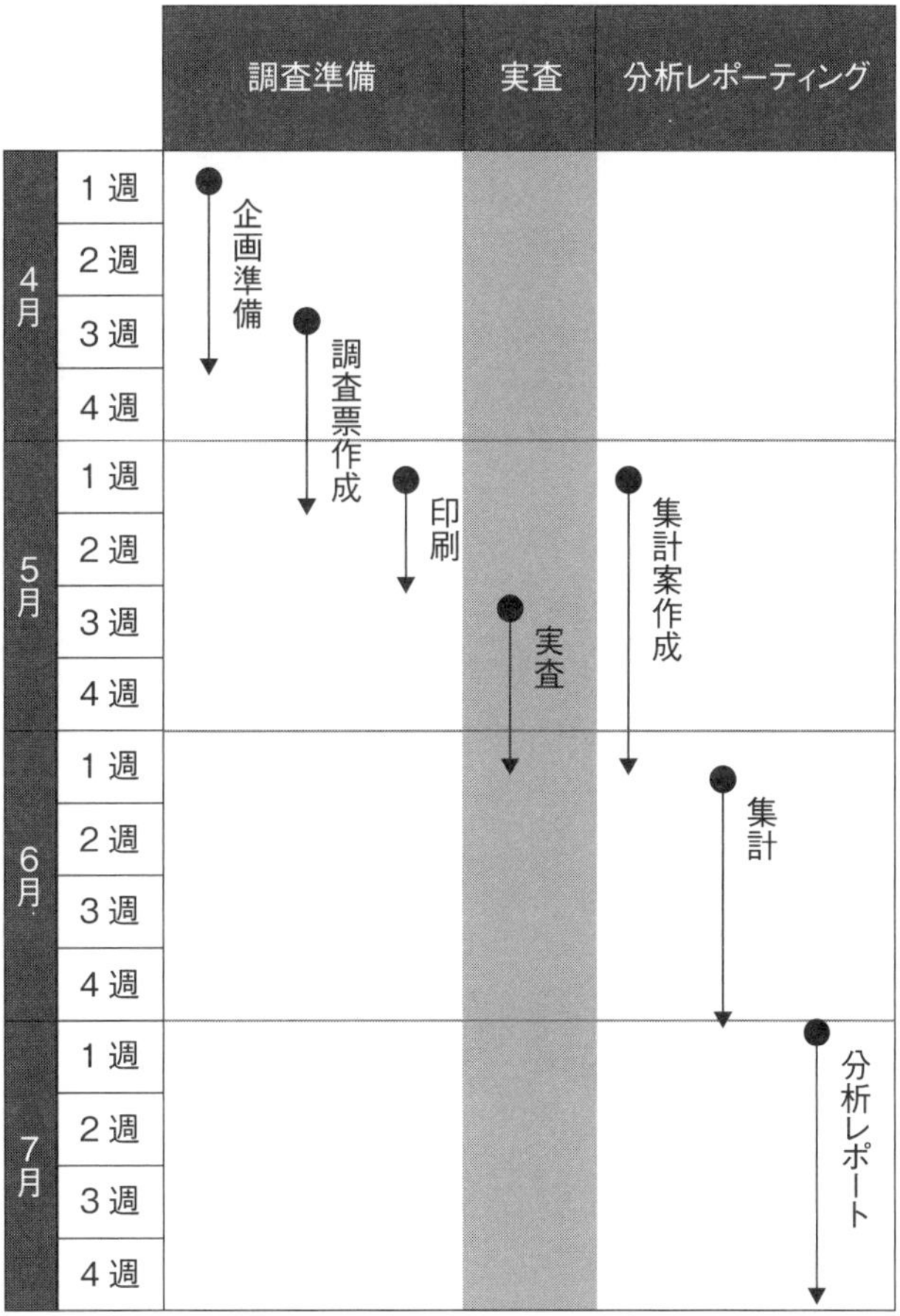

紙サイズの歴史

ご存じのように、紙は植物の繊維を取りだして、乾燥させて作ります。紙のサイズは、そのときに用いられていた紙漉き機などの道具のサイズによって決まっていました。したがって、ISO（国際標準化機構）などの規格のない昔は、道具の型はいろいろで、決まったサイズというものはありませんでした。

近年、工業化が進み、紙が大量生産されるようになり、次第に紙のサイズが統一されるようになりました。そして、国際化でいっそう、統一が図られていったのです。

しかし、その一方でその国独自の文化に支えられたサイズも脈々と残っています。42ページで紹介した「リーガルサイズ」はその代表でしょう。

■A判の場合の各サイズの関係

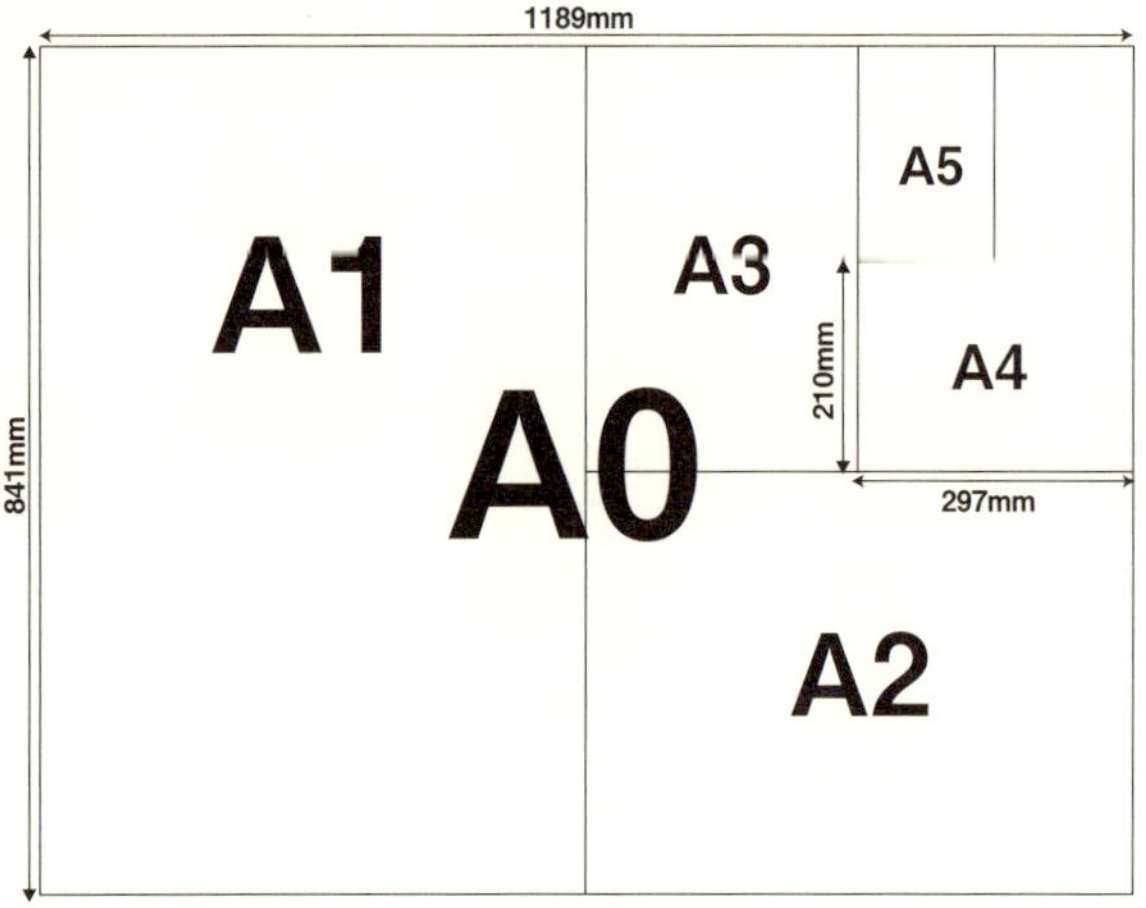

第3章

企画書作成の「作法」を覚えよう！

いい企画であっても、企画書がわかりやすく、しかも魅力的なものでなければ、採用される確率は低くなってしまうもの。この章では、企画書を作るうえでの「マナー」を伝授

Section 1

まずは、提出先の敬称に注意

「御中」「各位」の正しい使い方をマスターする

■企画書の提出先には「御中」を使う

「御中」とは「集まっている人々」という意味を表す敬称です。「御中」の「中」には「集団」という意味があります。例えば「連中」などという言い方も同様です。「連中」の「連」とは江戸時代にはやった趣味仲間の集まりを意味する言い方。「中」はその集団を意味します。そのため、連中とは「趣味仲間の集団」を意味するのです。「御中」は集団を表すこの「中」に「御」をつけたものです。したがって、次のようになります。

●「御中」は提案相手が会社という集団、団体や組合などの場合に使用する

●「御中」は個人名には使用しない

使用例…株式会社山浅御中　株式会社山浅総務部御中

この例の場合、意味的には、「山浅という会社に集まっている皆様へ」「山浅の総務部に集まっている皆様へ」という意味です。「御中」は集団に対する言い方なので個人名につけて

「御中」と「各位」の使い分けを覚えよう

御中

語源・語意

「仲間」を表す「中」に「御」をつけたもの

使い方

- ●組織や集団に対する敬称
- ●組織や集団の個人を指さない

使い方の例）

株式会社 山浅 御中

株式会社 山浅総務部 御中

各位

語源・語意

「おのおの方」を表し、「皆様方」のこと

使い方

- ●組織や集団を構成するひとり一人に対する敬称
- ●「各位」にはすでに敬称の意味があるため、「殿」や「様」をつけない

使い方の例）

プロジェクトメンバー 各位

関係各位

はいけません。

一方の「各位」は複数の人に同時に出す文書の場合に使います。この「各位」には「おのおの方」という意味があり、「皆様方」を意味します。そのため個人名を省略し、まとめて出すときに使うのがこの「各位」です。

●「各位」は複数の相手に対して個人名を省略したいときに使用する
●「各位」はある集団に属するひとり一人が対象となる

使用例…関係各位　プロジェクトメンバー各位

「各位」にはすでに敬称の意味もあるために、「各位」に「殿」や「様」をつけてはいけません。「様様」のような二重敬語になるからです。「プロジェクトメンバー各位様」「社内エコ推進委員各位殿」「株主様各位」といった使い方は間違い。同じように「関係者各位」の表現も正しくありません。正しくは「関係各位」です。

「各位」と「御中」は一見似ています。しかし、「各位」は「ひとり一人」に対しての言い方で、「御中」はその組織に対する言い方になります。したがって、「各位」と書かれた場合、その企画書は関係する全員が読む必要があります。

一方、「御中」は組織という集団に対しての言い方なので、その組織の中の誰かに届けばいいのです。受け取った人は通常、その組織の長に渡し、目を通してもらいます。つまり、その集団に属するメンバーの中の少なくともひとりが企画書を読んでいればいいということになります。ここが「御中」と「各位」の違いです。

しかし、言葉は時代とともに変わっていくもので、敬称も例外ではありません。例えば「株主様各位」や「関係者各位」は二重敬語なので本来は間違いなのですが、今では許容範囲となってきています。

なお、一般的に他社へ企画書を提出する場合「御中」を使います。「株式会社山浅御中」と表記して提出するようにしましょう。

企画書の書式を理解しよう！

企画書もビジネス文書の一種

■ビジネス文書の基本はA4サイズ横書き

企画書はどのように書いてもいいのと同じように、書式にも特に決まりはありません。しかし、少なくともA判サイズに横書きというルールは守ってください。

紙のサイズにA判（A列）とB判（B列）があるのはご存じでしょう。ビジネスではドイツの工業規格に沿ったA判が基本です。また、文章の縦書きはビジネスではご法度です。

企画書で最も多いのはA４サイズです。日本の企業でも役所でも、また世界的にもA４サイズが採用されているので、企画書もそれで作成しましょう。ただ、建築物や施設に関する企画の場合などはA３サイズが用いられることがあります。A３サイズは二つ折りにするとA４サイズとなり、A４サイズといっしょに保存するには便利です。

B判は日本だけの規格サイズ。企画書でB４サイズやB５サイズは使用を控えたほうが賢明です。

企画書はA4サイズが基本!

■A4サイズを縦に使う

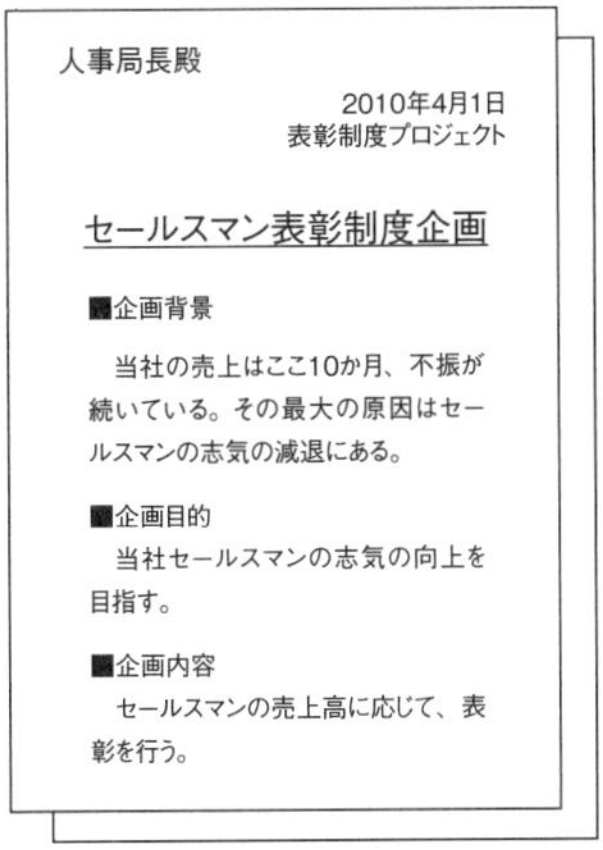
人事局長殿

2010年4月1日
表彰制度プロジェクト

セールスマン表彰制度企画

■企画背景

当社の売上はここ10か月、不振が続いている。その最大の原因はセールスマンの志気の減退にある。

■企画目的

当社セールスマンの志気の向上を目指す。

■企画内容

セールスマンの売上高に応じて、表彰を行う。

■A4サイズを横に使う

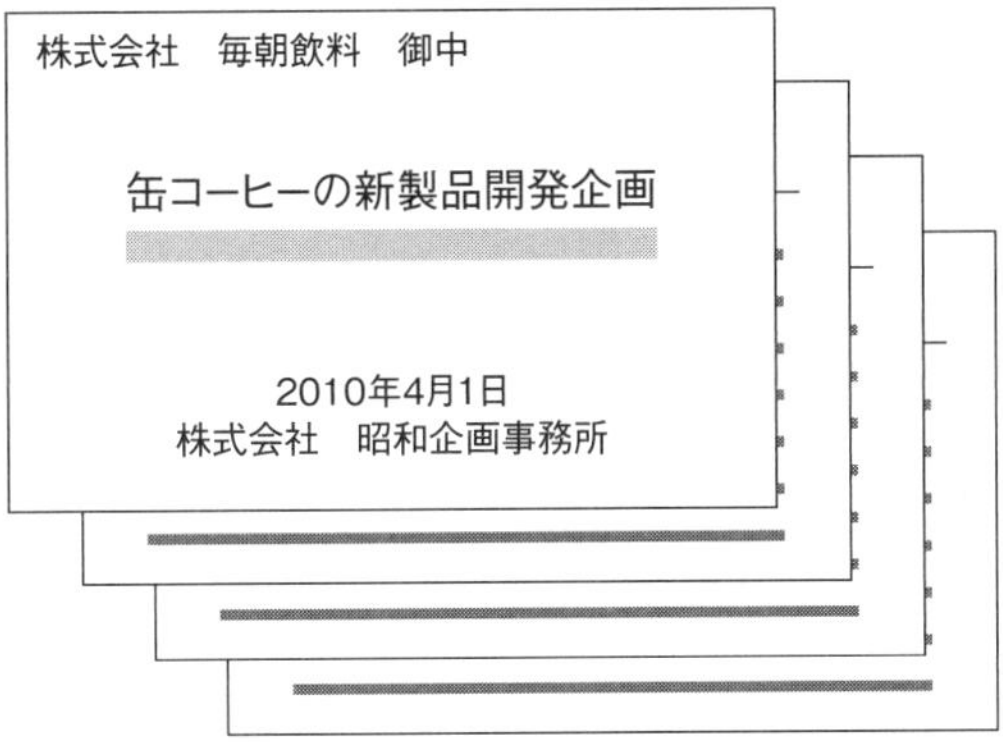
株式会社　毎朝飲料　御中

缶コーヒーの新製品開発企画

2010年4月1日
株式会社　昭和企画事務所

採用される企画書とは？

せっかく作るのだから採用率の高いものを

■依頼内容を満たしたうえで、実行性と説得力が大切

いい企画書とは、もちろん採用される企画書のこと。それは、①依頼の要件、②目的の設定が自社の現状に適合する、③企画書に説得力がある の3つを満たしています。

依頼要件を満たすことは、基本中の基本です。事前に与えられた要件を満たしていない企画書は自分勝手な企画書です。要件を無視した企画書が承認されることはありません。目的、ターゲット、予算、期間など与件を満たしていることは必要かつ最低限の条件です。

さて、目的の設定が自社の現状に適合しているかどうかですが、目的の設定がそのときの現状に合っていないなら、どんなに企画内容が優れていても企画が承認されることはありません。

説得力はわかりやすさと、斬新さから成り立ちます。斬新さは仮説の斬新さとアイデアの新鮮さから。わかりやすさは論理性と現状への的確な認識、文章の平易さと確固たる裏づけから成り立ちます。

採用される企画書をめざそう!

要件を満たし、目的に合っており、共感性が高い企画書が採用される企画書であり、採用される企画書が「いい企画書」である

- ☑ 依頼要件を満たしている
- ☑ 目的の設定が現状に合っている
- ☑ 企画書に共感できる

↓

採用される企画書

↓

いい企画書

提案先の判断基準を知るには?

評価する人の傾向を知ることも大切

■提案先の判断基準は様々

企画書には必ず、提案先があります。社外、社内のいずれの相手も、あなたの企画書を評価する立場になるのです。企画書を評価するということは、評価する基準をもっているということ。承認されるかどうかはこの評価基準を超えているかどうかにかかっています。どうしてもこの企画を採用してほしいと思うなら、相手の中に潜む基準を把握しなければなりません。一〇〇%の確率をめざすのなら、まず依頼元、提案先の採用基準を考察することです。

企画を承認する立場の人の判断基準は様々です。営業責任者なのか、製造責任者なのか、あるいはマーケティング全般を管轄する責任者なのかによっても異なります。

留意したいのは、企画を受け取る人と承認する人とが異なることがあることです。企画を練る前に、まずは最終決定者が誰か、どのような立場の人か、どのような考え方の人かに思いを巡らしてみましょう。

得意先の判断基準を考えよう!

企画の承認を判断する人

最終的に企画を採用するかどうかを
判断する人が、
・どのような立場の人か
・どのような考え方の持ち主か
・どのような基準で判断するのか
が大事

上司に報告

企画書を受け取る人

最終的に企画を採用するかを
判断する人かどうか
・上司に報告できるほどわかりやすいか
・上司に報告するうえで、わかりづらい
箇所はないか

提案

提案者

わかりやすい企画書を作成しよう！

わかりやすさが企画書の肝になる

■論旨の一貫性やわかりやすさ、読みやすい工夫も必要

企画書はわかりやすくないと意味がありません。企画書は読み手側に読む義務がない場合が多いので、わかりにくいと最後まで読んでもらえません。つまり、わかりにくい企画書が採用されるはずがありません。最後まで読んでもらい、共感してもらうには、まずはきちんと相手に伝わることが必要で、それにはわかりやすいことが重要です。

企画書のわかりやすさは、①企画主旨が明快であること、②論旨が一貫していること、③文章が読みやすいこと、④効果的なグラフや図解があること、⑤書面にメリハリがあること、⑥レイアウトが美しいことの6つで構成されます。

ただし、企画書は文学作品とは違います。崇高な文章や美しい文章などは不要です。文章に凝らないで、どうしたら正しくこちらの考えや意図が相手に伝わるかを考えるようにしましょう。整理された書面は、読み手の頭の中に企画内容までも整理されて入っていきます。

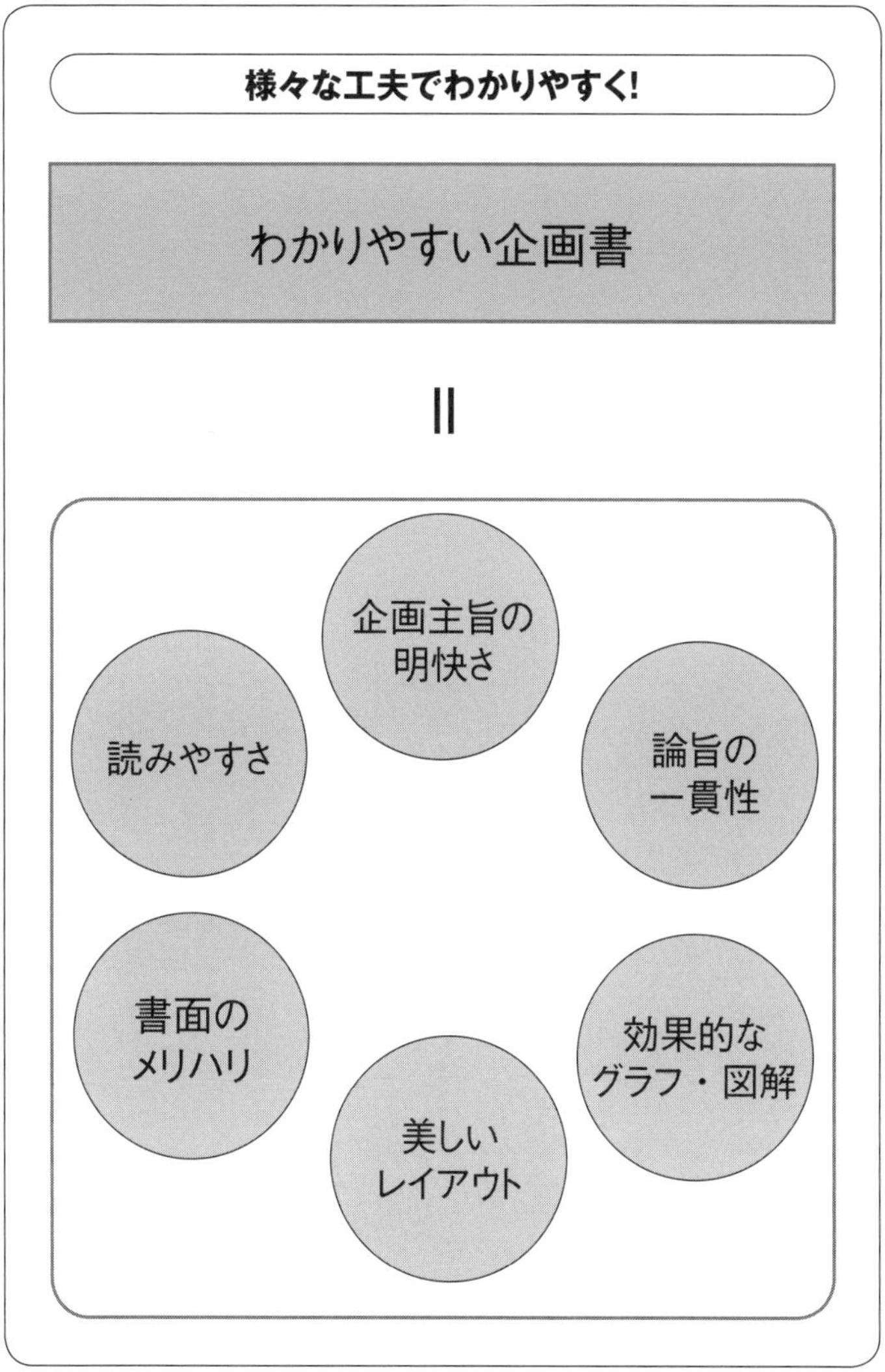
様々な工夫でわかりやすく!
わかりやすい企画書
＝
企画主旨の明快さ
読みやすさ
論旨の一貫性
書面のメリハリ
効果的なグラフ・図解
美しいレイアウト

アイデアを企画にまとめてみよう

ひらめきは磨き上げてこそ価値が出る!

■5つの「W」でアイデアを企画にする

アイデアは予期しないときに突然ひらめくことがあります。ひらめきは原石です。企画を練り上げる基であり、それがなければいい企画は生まれません。しかし、ひらめきはそのままでは十分ではなく、それを磨き上げ、企画に仕上げなければなりません。アイデアと企画は異なるものだからです。

アイデアを企画にするためには、「5つのW」を決める必要があります。5つのWとは、「WHY(なぜ)」「WHO(誰が・誰に)」「WHAT(何を)」「WHEN(いつまでに)」「WHERE(どこで)」をいいます。もうひとつ加えるなら「HOW」、どのように実施するのかも決める必要があります。例えば、「ケータイメールを使ってデジタルのクーポン券を発行したらどうか」とひらめいても、誰に対して実行するかで企画はまったく異なってきます。アイデアは大切ですが、戦略的に生かしていくこともまた同じくらいに重要なことです。

企画立案のための5W+1H

Why	なぜ
Who	誰が・誰に
What	何を
When	いつまでに
Where	どこで
How	どのように

企画を考えるとき、5つのWとひとつのH、つまり、なぜ、誰がある いは誰に対して、何を、いつあるいはいつまでに、どこで、どのようにするのかを考え、詰めていかなければ企画にはならない

Section 7

企画書作成で必要な心構え

説得力のある企画書にまとめるために

■企画立案の出発点は問題意識

未来を先取りするビジネス文書である企画書では、未来に関する洞察が必要となります。深い洞察が未来を切り開いていく推進力になるからです。そのためには現状に対する問題意識が大事です。今何が起きているのか、何が問題になってきているのか、何が今後大事になってくるのか、このままでいいのかを常に考え続けることです。

企画を進めていくには様々な領域についての深い問題意識が必要です。だから、次のような心構えを持つようにしましょう。

①依頼者の目的を確認する

まずは依頼者の真意を確認することです。

●なぜ、企画作業が発生したのか

企画書立案の心構え

- ☑ 目的の確認
- ☑ 与件事項の確認
- ☑ 現場を見る
- ☑ 他人の意見を聞く
- ☑ 異なった領域の話を聞く
- ☑ 例え話が使えないか考えてみる
- ☑ 自分で書いてみる
- ☑ 企画の流れを事前に人にみてもらう
- ☑ どうひと言でいえるか考えてみる

●誰が企画立案を言い出したのか
●なぜ依頼したのか
●企画依頼の狙いは何か
●自分に期待されていることは何か、あるいは自社や自部署に何が期待されているのか
企画書は依頼者の目的から逸脱しないで企画を立案しなくてはなりません。さもないと、どんなに優れていても企画が採用されることはありません。

②企画の与件事項を確認する

企画立案に与えられた与件事項がどこまでなのかを確認することも重要です。
●予算はいくらか
●スケジュールはどうか
予算超過のイベントが採用されないのと同様に、スケジュール的に合わない企画が採用されることはありません。

これ以外にも様々な与件事項があるはずです。もし、はっきりとした与件事項の提示がな

くても、想像力で埋めていく努力をしなければいい企画はできません。
企画の与件を確認するときに、次のような点も確認しておきましょう。

●誰が最高決定者か
●いつまでに最終決定するのか

③現場を見る

どのようなことでもそうですが、まずは現場を自分の目で見てみることです。机上で考えていてもわからなかったり、見えてこないことも多いからです。自分の意識上にあがってこなくても意識下にインプットされている情報はたくさんあります。知らず知らずのうちに収集している情報が、ある時突如、発酵し、アイデアとなって意識の上に浮かんでくることも多いのです。そんな頭の中にある発酵状態の情報が、現場を見た瞬間に噴き出してくることもあります。

頭の中にある情報を刺激するヒントは常に現場にあります。だから現場をしっかり見ることです。

④他人の意見を聞く

十人十色といいますが、人は様々な意見や考え方を持っています。人の意見を聞くと、自分の知らなかったことや気づかなかったことを教えてもらえます。他人の視点は常に新鮮で、その新鮮さからくる驚きが様々な切り口やアイデアをひらめかせてくれます。

マーケティング・リサーチではグループインタビューという手法で調査をすることがあります。会場に集まってもらい座談会形式で、いろいろな意見を聞くという調査手法です。対話形式で進めるこの調査手法を採用すると、様々な発想やヒントが得られます。すなわち、アイデアを出すのにも仮説を抽出するのにも適した調査手法です。

⑤異なった領域の話を聞く

人と人のあいだに存在するのがビジネスです。無人島にひとりでいてもビジネスは発生しません。人を相手にしたものがビジネスなので、他の領域の成功事例にも、人に対しての対応のしかたのヒントは多いはず。そのため、例え違った領域の話であったとしても、積極的に取り入れてみましょう。どこかに共通点があれば、そこに同じ法則が適用できる可能性が高いでしょう。他の領域の話を聞くことは、実にヒントにあふれているのです。

アイデアは積極的に転用することをオススメします。

⑥例え話が使えないか考えてみる

説明上手な人には例え話がうまい人が多いです。「なるほど」となるような例え話で自分の世界に引き込み、そして相手を納得させます。例え話は理解を促進させ、共感を得やすいのです。それに加え、例え話を考えることは物事の本質を考えることにもなります。表面的な違いに惑わされず、しっかりと本質を見極めましょう。そして、企画を説明するのにふさわしい例え話を見つけてみましょう。

⑦自分で書いてみる

企画書は自分で書いてみないと力はつきません。いろいろな企画書を見ることは企画書を書くうえで大いに参考になりますが、自分で書いてみないと学べません。それは読む能力と書く能力は別だからです。いくらたくさん絵を見ても上手に描けない、いくらいい書を見ても書道が上達しないのと同じです。しかし、自分で描きながら時々名画や著名な書を見ると、構図の取り方や色づかいや筆づかいなど、大いに参考になるでしょう。それと同じで企画書は書いた人にしかスキルはつきません。まず、自分で書いてみる。例え自分が企画書の中心的作成者でなくても、自分ならどのように書くか試してみることです。

⑧企画の流れを事前に人に見てもらう

企画のラフができあがったら、ぜひとも他の人に見せ、評価をしてもらいましょう。それは、自分だけで作成した企画書はひとりよがりなことが多いからです。話の筋道が通っていなかったり、論旨が明確でなかったり、解決策としての企てが魅力的でなかったりすることが多々あるからです。自分では、入れ込んでいるために冷静に判断できないことも多いのですが、それに反して他人は的確に指摘してくれます。客観的に企画を見つめるために、他人の目で見てもらうことは大事なことです。

⑨最後に「どうひと言でいえるか」を考えてみる

企画書の内容をひと言でどういえるのかを試してみます。ひと言でいえない企画書はダメな企画書です。それは、コンセプトが明快でないからです。いい企画書ほど「要は何か」が短い言葉で表現できるのです。もし、あなたの企画書がひと言で表現できないのなら、それはあなたの頭の中が整理されていないのです。恐らくその企画書は、第三者にとって、あなた以上にわかりにくいに違いありません。

そんなときはもう一度企画書を「最初から」書き直します。この場合、前に書いた企画書のことはすっぱり忘れることが重要です。前の企画書の一部をそのまま生かそうなどとケチな考えをすると、うまくいきません。白紙の状態で書き始めるほうがいい企画書ができあがるのです。

Section 8

企画の骨子を明確にしておこう！

企画の大筋をきちんとつかんでおくことが大事

■企画骨子は3ブロック

企画書を書く前には、必ず自分で企画書の大筋の流れを書いてみます。この場合、精緻に書き込む必要はなく、まずはラフな流れで十分です。

企画の目的を確認したうえで「このような事実があり、この事実の背後にはきっとこういう真理があるはずだ。であるなら、こういう方向で企画を考えるべき。そうなると具体的にはこのようなことをすべきである」と考えます。あるいは「現状はこうだ。その現状にはこういう問題点がある。そのなかでも最大の問題点はここである。この最大の問題点を解決するにはこういう方向で考えるべきだ。であるなら、具体的にはこのような企画を実行すべきだ」とまずは大まかな考えの流れを書いてみます。そのあと、詳細を詰めていけばいいのです。

企画書にはこう書くべきだという決まりがありません。あとは、得られる成果や実施対象者、実施体制、実施スケジュール、予算などを詰めていけば企画書はできあがります。

企画の骨子を明確にしよう!

1st ファーストステップ

こんな事実がある
その背景には、こんな真理があるはず

2nd セカンドステップ

だとしたら、こういう方向で
解決策を考えるのがよい

3rd サードステップ

だから、具体的には、こうすべきだ

企画書のラフは、大きく３つのステップで考えるとよい。それを考えてから、詳細部分を詰めていく

Section 9

企画の作業フローを覚えよう！

流れを覚えることで、作業がスムーズになる

■企画立案作業は６つのステップで考える

企画書の書き方が自由だとしても、そこに書く要綱はいくつかあります。それらを盛り込みながら企画を立てるとなると、おのずと企画化のために必要な作業手順は明らかになります。作業手順は、①企画目的の明確化、②情報収集活動、③仮説作り（企画の方向性の決定）、④アイデア探索、⑤アイデアの選別と組み立て、⑥効果の予想の６つです。この手順に従って作業を進めていくと、効率的な企画書作成が可能となります。

企画には数社が競い合う大規模なコンペもあれば、社内のちょっとした改善を進める小規模な企画もあります。大型コンペの場合、①から⑥までの作業を数週間かけて進めていきます。小規模な企画の場合でも、期間は短くなりますが作業の手順は同じです。ただ社内のちょっとした改善の企画では、６項目すべてが必要とは限りません。もっと簡略化してもいい場合もあります。

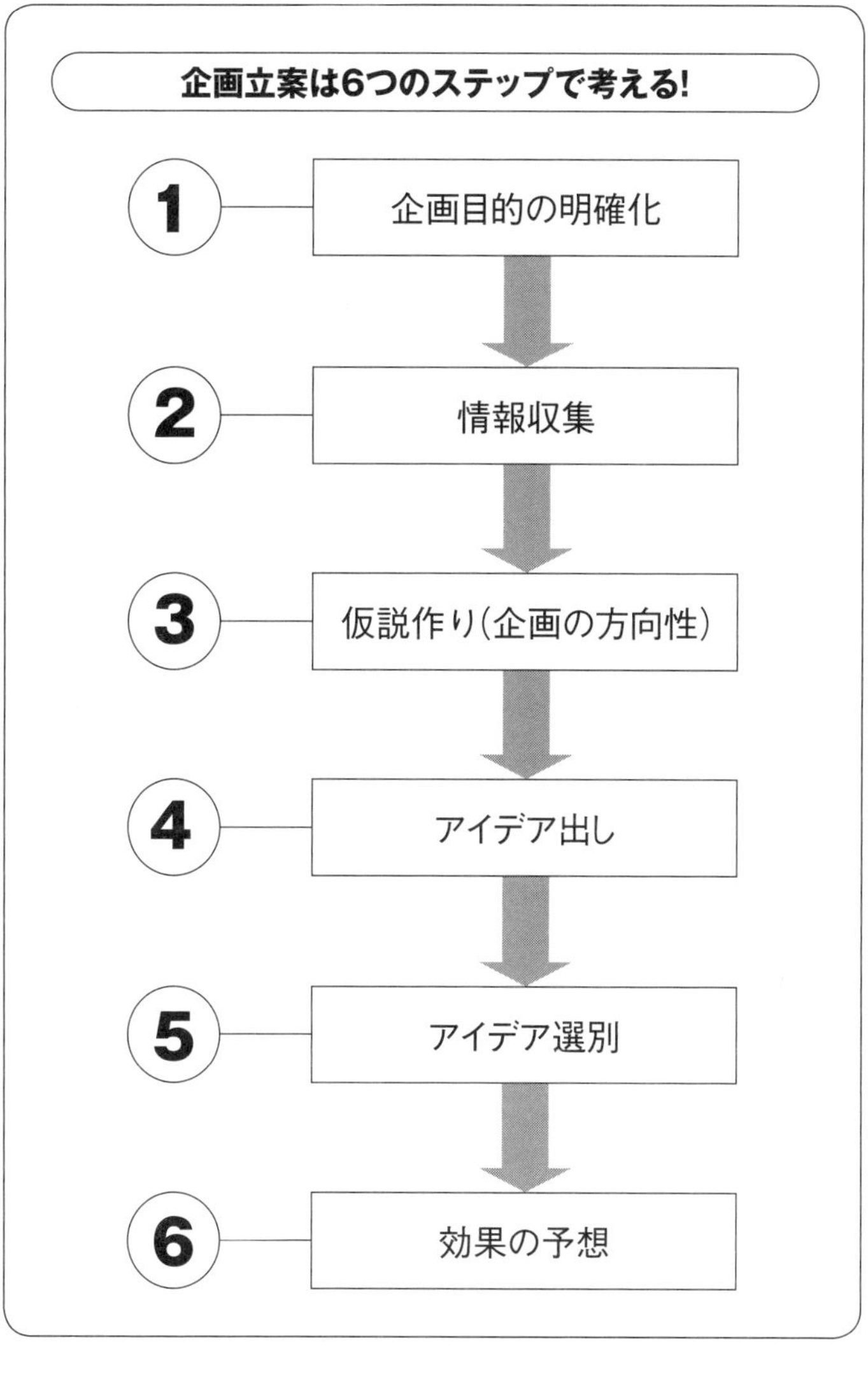
企画立案は6つのステップで考える!
1
企画目的の明確化
2
情報収集
3
仮説作り(企画の方向性)
4
アイデア出し
5
アイデア選別
6
効果の予想

Section 10

企画書のストーリー立てはこうする！

企画のストーリーを明確にするのが大切

■企画背景から始め、目的や仮説、具体的なアイデアを盛り込む

企画書の書き方に定型はありません。特にこう書かねばならないというフォーマットはないのです。「序論」「本論」「結論」の3段階で論文のように書いてもかまいません。大事なのはストーリーができていることで、その中にきちんと納まるアイデアがいいアイデアといえます。

「企画の背景と目的はこうだ。そして現状はこうで、そこにはこのような問題点がある。この問題点の本質はここにある。だから、解決はこの方向で考えるべき。したがって、これをすべきである。そうすればこのような成果が得られる」というストーリーが必要です。これを企画書の項目で示すと「企画背景」「企画目的」「現状」「現状に対する問題点」「仮説（あるいは課題）」「企画の方向性」「企画アイデア」「得られる成果」という流れになります。

企画書のストーリーを最初は1枚の紙に書いてみます。1枚だと流れがよくわかるし、全体の「見取り図」にもなるからです。必ず、企画書の見取り図を作るようにしましょう。

ストーリーをつけてみよう!

企画書のストーリーに特にフォーマットはないが、
下記のようなストーリーを念頭においてみよう

●●●●●●●●●● 【序論】 ●●●●●●●●●●

□ はじめに
□ 企画背景

●●●●●●●●●● 【本論】 ●●●●●●●●●●

□ 企画目的
□ 現状
□ 現状に対する問題点
□ 仮説(あるいは課題)
□ 企画の方向性
□ 企画アイデア

●●●●●●●●●● 【結論】 ●●●●●●●●●●

□ 得られる効果

Section 11

「はじめに」はどう書くべきか

企画書の冒頭部分の効果的な記述のしかた

■「はじめに」は予告編

企画書の「はじめに」は、これからどのようなストーリーが展開されるかを告げるものです。この「はじめに」で読み手は、読みたいという気持ちや期待感を膨らませていきます。つまり「はじめに」は、非常に重要なページなのです。現状を打破し、新しい未来を切り開いていくという強い志が企画書全体あふれていなければなりません。

では、具体的にどう書くか。書く内容に決まりはありませんが、次のようなことを書くといいでしょう。①企画の概要、②企画を思い立った経緯、③その企画書本編で書き切れなかったこと、④再度強調したい重要なことことなどです。

ときどき、「はじめに」であいさつ文を書いている企画書を見かけます。これが悪いと言い切るつもりはありませんが好感はもてません。企画内容と直接関係がないのなら「はじめに」をつける必要はないからです。企画書としてのキレが悪い印象を与えてしまいます。

「はじめに」でいい印象を!

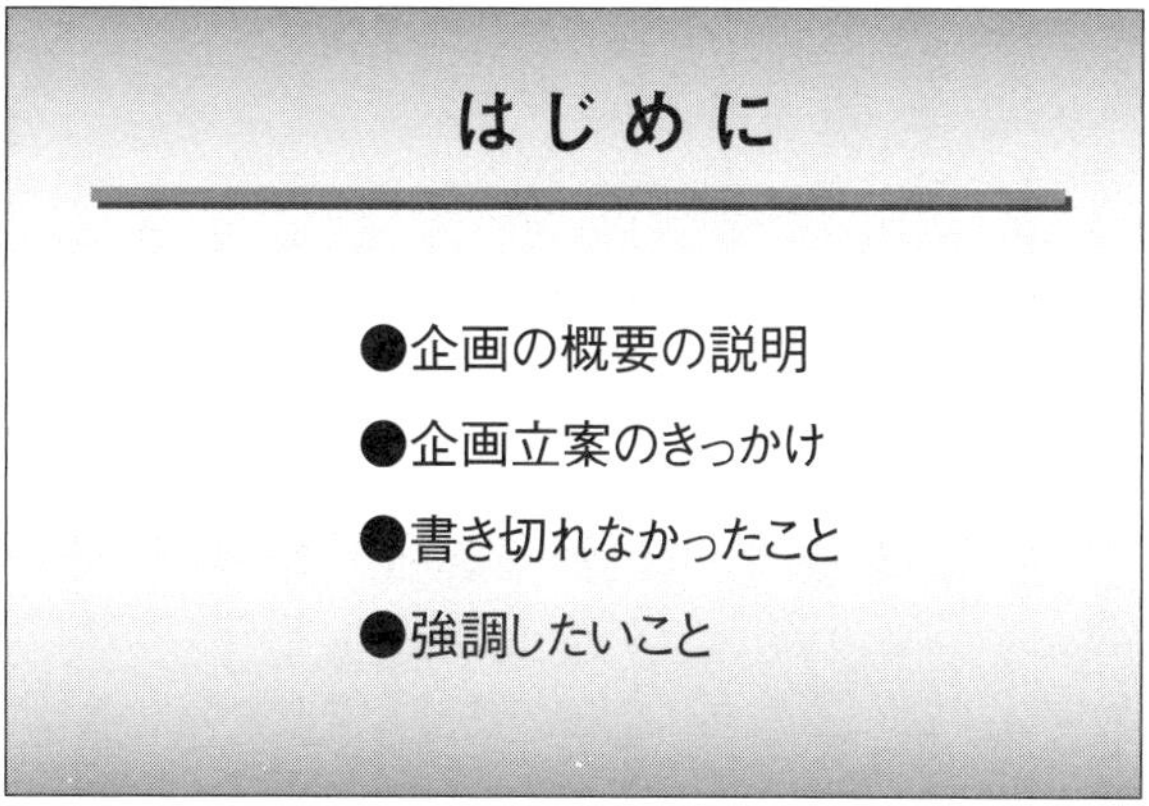

「はじめに」で書くべきことは時候のあいさつではない。企画書を読みたいと思わせる内容をコンパクトに書くようにする

Section 12

具体的な「目次」の構成方法

目次は、企画書を整理するのに役立つ

■目次は企画書の見取り図

「目次」は企画全体の見取り図です。したがって、企画書でも最初のページに掲載します。この目次を見れば企画書の全体構成がわかり、企画の構造もわかります。また、どこにポイントが置かれている企画なのかも目次でわかります。

目次作りのためには、どのような筋道で、どこにウェイトを置きながら、どのように説明するかをまずは考えます。説明を要する箇所には多くのページを割き、簡素化していい箇所は少ないページで流れを作っていきます。受け手の知識レベルを考えながら、説明の強弱をつけていきます。つまり、目次ができあがった時点で、企画書の流れはできており、各ページのタイトルもできあがっていなければならないのです。

目次は建物でいったら骨格。骨格がしっかりしていないといい建物は建ちません。早い時点で、目次作りを完成させましょう。ただし、1枚ものの企画書なら目次は作りません。

読みたくなる「目次」を作ろう!

目次例
＝新介護施設開発事業の場合＝

1.現状分析

①高齢者向け介護施設数推移

②高齢者向け介護施設入居者数推移

③一世帯あたり平均の介護支出金額

④50歳以上における介護施設入居希望率推移

2.現状にみる問題点

3.解決のための方向性

4.新介護施設の概要

①コンセプト

②競合におけるポジショニング

③ターゲット

5.展開案

①エリア展開

②時系列展開

6.スケジュール

Section 13

「企画背景」の書き方

企画背景は、企画書の読み手の理解を助ける

■企画を考えるきっかけになったものが「企画背景」

どのような企画でも必ず、その企画を考えようと思ったきっかけがあります。あるいは企画を必要とした、何らかの理由があります。その「企画の立案が必要」と考えたきっかけが「企画背景」です。

また、「企画背景」は立案者の「問題意識のありどころ」ともいえます。今の状況をどのようにとらえ、それにより何が必要と考えたのか……、そんな問題意識を企画背景で述べる方法もあります。このため、このページの書き方が甘いと読み手の興味が失せてしまうことがあります。また逆に、納得度合いが高いと読み手の興味を強く引き出すともいえるでしょう。

例えば、新製品開発の場合だと、なぜ今、新製品開発をしなければならない状況だと考えたのかを記述します。このような企画立案のきっかけなり、問題意識にあたるのが企画背景です。「企画背景は序論だ。本論ではない」と簡単に考えてはいけません。

手を抜けない「企画背景」

- なぜ企画を思い立ったのか?
- なぜ企画を進める必要があるのか?
- 今の状況をどのようにとらえているのか?

企画背景

- 社内には豊富なナレッジがストックされている
- 一方、社内のナレッジの共有化が進まない
- 販売部門と企画部門との連携が乏しい

↓

今、社内ナレッジ共有の場が必要

企画背景とは、企画を考えようと思ったきっかけをいう

Section 14

書けないときは…、「結論」から書いてみよう！

どうしても企画書がまとまらないときの裏ワザ

■書きやすいところから書く、あるいは結論から書く

初心者には企画書を書くのが苦手だという人が多いでしょう。いい企画書を書かないといけないというプレッシャーが、いっそう書きにくくするのでしょう。しかし、全体の見取り図や目次さえきちんとできていれば、企画書はどこから書いてもいいのです。筆が進まなかったら、自分が書きやすいと思ったページから書き出してみましょう。書いているうちに調子が出てきて、次々と書くべき内容が浮かんでくることもあるのです。

また、一枚ものの企画書で、目次というほど大げさなものが必要ない場合、どのように書いていいのかわからないときがあります。こんな場合は、結論から書いてみましょう。「このような企画を行わなければならない」↓「なぜならこのような課題を解決しなければならないからだ」↓「この商品や企業にはこんな課題があるはずだ」と結論から逆算して考えていくのも方法です。その筋道を素直に書いていくと企画書になります。

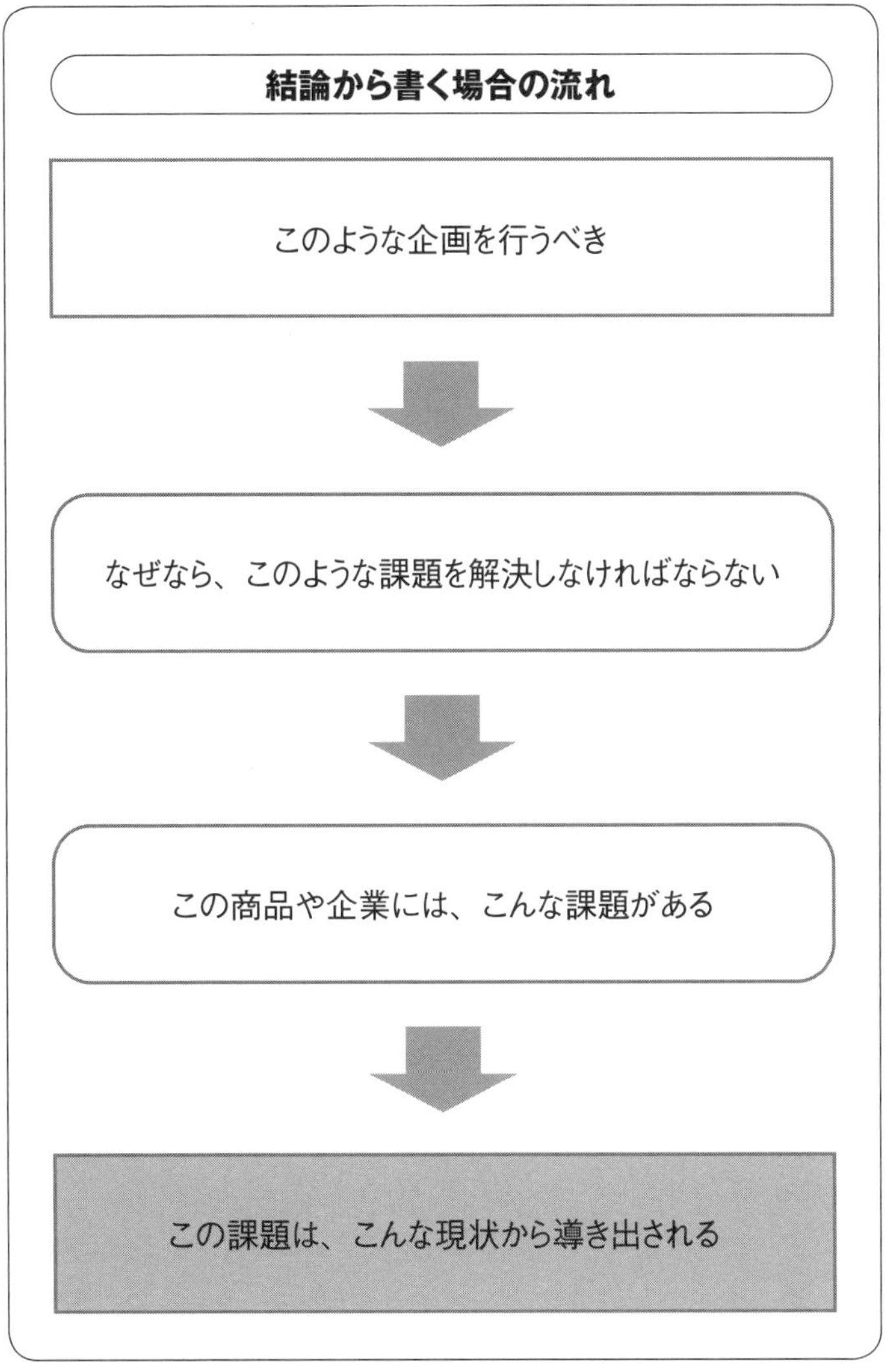
結論から書く場合の流れ
このような企画を行うべき
なぜなら、このような課題を解決しなければならない
この商品や企業には、こんな課題がある
この課題は、こんな現状から導き出される

最もベーシックな筆記具・鉛筆

以前ほどではないにしろ、企画書作成に鉛筆は欠かせない。企画書作成に使わなくても、アイデアや構想を練るときに鉛筆を使う人は今でも多い。いや、アイデアや構想を練るときには紙と鉛筆でないといけないくらいだ。そんな鉛筆の歴史は意外に古い。

鉛筆が発明されたのは16世紀。イギリスのボローデールで「黒鉛」が発見されたことによる。そのころの鉛筆とは、ただ単に木や軸の先に、黒鉛を詰めたものだった。それが何度か改良され、そして日本に輸入された。日本で輸入された鉛筆を初めて使ったのは徳川家康だといわれている。また8代将軍の徳川吉宗も鉛筆を愛した将軍だったという。18世紀の初めのごろのことだ。そして、そのときの鉛筆の姿は、今とほとんど変わらないらしい。

日本で本格的に鉛筆が生産されるようになったのは明治に入ってからのこと。もう100年以上昔のことである。しかし、そのころの日本はまだ毛筆があったために、なかなか普及しなかった。それが20世紀に入り、小学校で毛筆から鉛筆の切り替えが進むとともに急速に普及していった。そして、一時ほど多くはないものの、平成20年度でも鉛筆の生産量は年間約3億本に達している。

鉛筆の製造方法は、鉛筆はまず平板の上に芯を乗せるための溝を切る。その溝に黒鉛の芯を乗せて上下の板で挟む。そして接着剤で貼り合わせる。それをカッターで切って六角形に仕上げるのである。

第4章

「より魅力的な企画書を作成するために」

大まかな企画書ができあがったとしても、さらにブラッシュアップが必要。通りやすい企画書を作成するための基本的なテクニックを紹介

Section 1

「内包的」「外延的」表記とは？

企画書の2つの表記のしかたをマスターしよう

■内容を表現したのが「外延的表記」、内容を満たす条件表記が「内包的表記」

企画書の表記のしかたには2つあります。「外延的表記」と「内包的表記」です。集合論では、「ある概念を類と見たとき、その類に含まれるすべてを外延」といい、すべての要素をあげて説明することを「外延的表記」といいます。一方、「ある集合に属するために満たさなければならない条件を内包」といい、条件の説明を「内包的表記」といいます。

企画書の表記のしかたにもこの2つがあります。

［外延的表記の例］「今、缶コーヒー市場は伸びていない」「ターゲットは20代の女性」

［内包的表記の例］「市場環境分析」「ターゲット設定」

企画書作成上でどちらがいいのかは一概にはいえませんが、一枚ものには内包的表記、複数枚のものには外延的表記が向いていることが多いようです。2つを組み合わせた表記の方法もあります。ページの左上に内包的タイトルをつけ、中央に結論を表記するという方法です。

外延的表記と内包的表記の違いの例

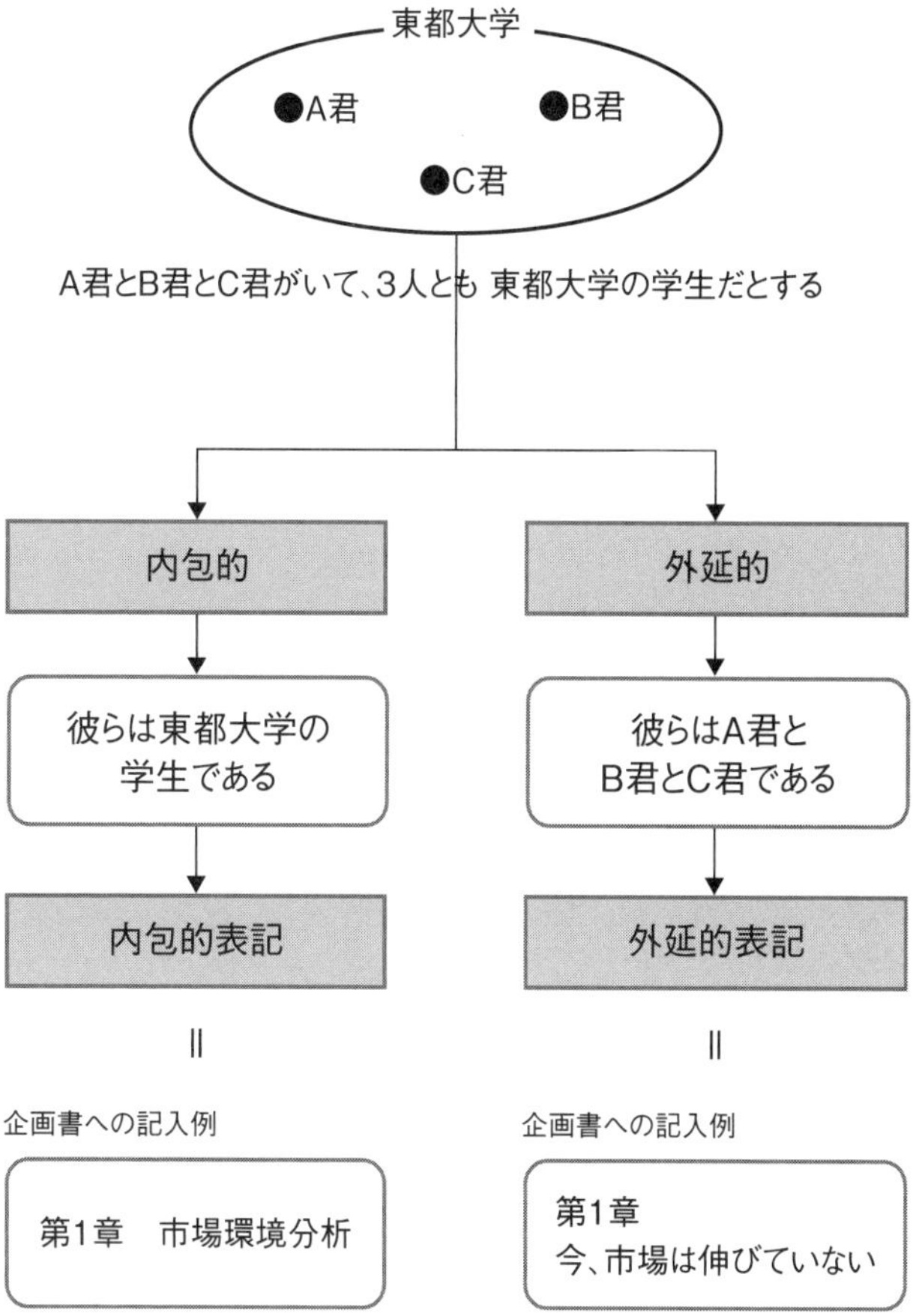

Section 2

読み手に好かれる企画書の文章とは？

好印象を与える文章で、採用率アップ！

■好かれる文章の鉄則は5つ

企画書の読み手に好かれる文章とはどのような文章なのでしょうか。それは読みやすい文章であることにつきます。では、読みやすい文章とはどのような文章なのでしょうか。

読みやすい文章とは、書き手の意図が直接伝わる文章のことで、わかりやすいことが最も大切です。企画書はビジネス文章です。小説のようにいく通りにも解釈できたり、勝手に想像がどんどん膨らむようではいけません。誰が読んでも理解でき、しかも同じ理解にたどり着くものでなくてはなりません。

意図が間違いなく伝わるためには次のようなポイントに留意すべきです。

①書きたいことを箇条書きにする
②一文一文を短くする
③ひとつの文章に2つの意味を含ませない

読み手に好かれる文章の条件

箇条書きにする

優先度の高いものを数例

一文を短くする

ひと息に読めるくらいの長さで

ひとつの文章に２つの意味を含ませない

あいまいな表現や二重否定など

キッパリと言い切る

自信のない表現は逆効果

難しい表現をしない

理解がしづらいと、解釈に差がでる

④弱々しい表現をしないで、きっぱりと言い切る

⑤難しい表現や、一部の人にしかわからない言葉を使わない

前述したように、企画書は小説ではありませんので、誰もが同じ理解をすることが大事です。ひとりでも理解できないような文章ではだめなのです。

企画書の文章は一文一文を短くします。長い文章は読みづらく、しかも長い分だけ誤解が生じやすくなります。文章は短いに越したことはありません。

また、ひとつの文章には2つ以上の意味をもたせません。また、ひとつの主語にはひとつの述語で文章が構成されるようにします。複雑な文章構成では誤解を生みやすいからです。そして文章はできるだけ短くして、箇条書きにしていきます。

企画書の中では弱々しい表現はやめましょう。『と思われる』や『と考えられます』などの表現は控えます。未来は誰にもわからず、みんなが不安でいるといっていいでしょう。実は経営者だって未来に対しては内心不安なのです。確信がなくてもいいから企画書の中では断定的に言い切ってほしいのです。そのために企画書の文章は「である」調か、「です・ます」調で、ある程度断定的に書くようにします。

誤解を生まないような文章を書くためには、難しい表現や、難しい言い回しもやめ、専門用語の使用も控えます。また、何気なく使っている言葉でも、実は関係者しかわからない業界用語の可能性もあります。いま一度、調べておくようにしましょう。

初心者が陥りがちなのが、英語の使用です。企画書の中で英語を使うとなんとなくカッコよく見えてしまいがちですが、それは誤り。英語の使用もできるだけ控えるようにします。英語は人によって解釈の差がでることが多くあります。それは、日本語に置き換えたとき、意味に幅がでるためで、あいまいさがつきまといます。それに、あまりにも英語を多用すると企画書自体がうさんくさい印象を与えてしまいます。多用は禁物です。

企画書作成では、読み手の立場に立って、わかりやすい文章を書くようにつとめましょう。

企画書の適切な文章量を把握しよう！

企画書の文章量にもルールがある

■1ページ15行以内で、ワンメッセージ

企画書には、1枚で書き切る企画書と、複数枚を費やす企画書があります。大型のコンペでは100ページに迫る企画書も珍しくありません。100ページとはいわないまでも数十ページに渡る企画書は、実際のビジネスの場では普通にみられます。このような企画書の場合、1枚のページに書き表すのはワンメッセージにします。

複数枚企画書では1ページごとに、そのページでいいたい結論をまとめて書いていきます。結論をページの上段に書き、その下にその根拠や理由を書いていきます。ページごとの結論を追っていけば企画の全貌がわかるしかけです。このような書き方をしていく場合、1ページに多くは書きません。根拠となる理由も3～4個に留め、できるだけ少ない文字数で表現していきます。行数も、どんなに多くても1ページ15行程度です。左ページのように、海外の企画書には1ページに7～8行程度のものも少なくありません。

アメリカの書類にみる文書の適正量

アメリカの書類は、一般的に文章量が少ない

Choosing a Targeting Strategy

■**Undifferentiated targeting:**

- *appealing to a broad spectrum of people*

■**Differentiated targeting:**

- *developing one or more products for each of several customer groups*

Step 2: Information Search

■**Consumers need adequate information to make a reasonable decision**

■**Where to get information?**

- *First stop: Your brain.*
- *Environment*
- *Newspapers*
- *TV or radio*
- *Online...*

魅力的な文章の書き方を習得しよう！

読みたくさせる文章で、企画書をグレードアップ

■キャッチーな言葉の開発をする

企画書は商品です。企画書で何千万円、何億円ものお金が生み出されたり、動いたりすることもあるからです。

企画書が商品なら魅力的な演出をほどこしてしかるべきです。文章にも凝りましょう。ただ事務的な言葉を並べるのではなく、読み手を引きつけるような効果的な表現を見つけましょう。そしていちばん目立つヘッドラインのところに書き込みます。キャッチーな見出しは読んでいても楽しいし、最後まで読んでしまうものです。それに大事なのは、見出しにまで最大限の気配りをしている企画書なら大丈夫、との安心感を読み手に与えることです。

キャッチーな見出しのつけ方は、雑誌が参考になるでしょう。雑誌の見出しは常に外延的で、内容を表す魅力的なコピーで読者を引きつけます。日ごろから雑誌を手本に見出しのつけ方を訓練しておくとよいでしょう。

読者を引きつける文章を書こう!

■見出しをキャッチーにすると魅力的な文章に仕上がる!

今、女性は
「キレイ」と「元気」を追い求める!!

●20代OLが人から言われてうれしい言葉では「キレイ」がトップ。次いで、「かわいい」と言われること

●20代OLが大事にしている生き方のトップは「いつまでも元気なこと」

●今のOLは美しさの維持のためには、出費を惜しまない!

Section 5

お客の生の声を効果的に取り入れよう！

データに表れない少数意見にも価値がある

■「生声」にはインパクトがある

企画書には客観的データが必須です。多くの場合、企画書には数字データを添付することが多いでしょう。多くの人々に聞いたデータなら誤差が少なく、信頼度が高いからです。しかし、サンプル数が少なくても、効果的なデータもあります。それは「生の言葉」です。それがたったひとりだったとしても、その人の発言がもつ効果が絶大なこともよくあります。そこには真実があるからです。たったひとりであったとしても、その人にとっては真実のことだから説得力をもつのです。

数字データに見飽きた感のある企業にとっては、数字でないデータのほうが新鮮で、共感しやすいことも多いのです。あるひとりの生活者の発言を企画書の最初のページに大きく書き出せば、提案先の心をぐっとわしづかみにできる可能性があります。そんな方法も知っておくとよいでしょう。

クライアントの心をつかむ「生の声」

■お客さんの生の声を発言のままに
企画書の中で紹介しよう。
リアリティが強く、説得力をもつことが多い

リオデジャコーヒーは甘みが強いうえに、
ちょっと渋みも感じるんです
（東京都　24歳・OL）

だからちょっと苦手かな…

Section 6

偉人の格言・名言を効果的に取り入れよう！

偉人の言葉は、企画書に威厳を与える

■名言で相手に「いい威圧感」を与えてみる

前項と似ていますが、偉人や知識人の格言や言葉も読み手の心に強く響くことがあります。偉人の経験からつむぎだされた言葉には、含蓄深く、たった一行でも読み手のこころの奥底に突き刺さることが多いものです。そんな言葉を効果的に企画書に取り入れるのもいい方法です。

同様に、ことわざを使うと効果的なこともあります。例えば、性急過ぎるスケジュールでことを実行しようとしている相手には「急がば回れ」ということわざを企画書の最初のページに書いてみるのも一考です。

企画書は言葉の集まりです。考えていることを言葉に置き換えて相手に伝えるものです。企画書が言葉なら、企画の真意を伝えるために、偉人や知識人の格言や名言、古来から人類が言い伝えてきた真理の言葉なども積極的に利用するべきです。

「ことわざ」や「格言」をうまく使おう!

■世界の偉人や知識人の言葉を
効果的に企画書に取り入れると、
企画書がしまって見える

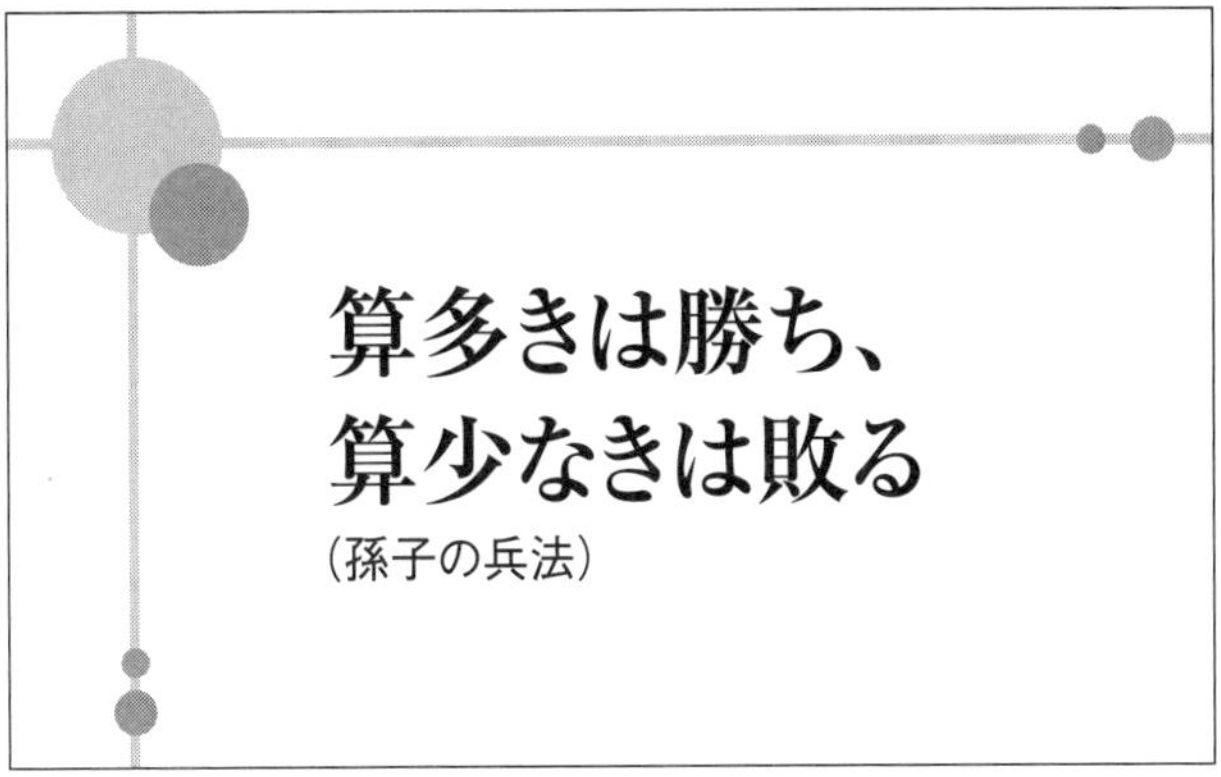

Section 7

上から目線の書き方には注意！

企画書ではあくまで控えめに…

■文章は高圧的になりがちなので注意

企画書でときどき上から目線のものを目にすることがあります。厳しい表現で、提出先相手の不備や不足や不勉強さ、ダメさ加減をなじるように指摘する企画書です。それによって自分たちの専門性の高さを訴えたり、権威を維持することを狙ってのことでしょう。もちろん、相手との関係で成り立つのが企画書なので、そのような表現が悪いとはいいません。ときに効果的なこともあるでしょう。しかし、提言を受けた相手が嫌な思いをすることが少しでもあるなら、やめたほうが無難です。そのような厳しい口調で語っても、相手の心の中に、企画書に共感する気持ちが芽生えるとは思えません。

企画書は、相手にいかに気持ちよく採用したい気分にさせるかです。相手はその業界で生きてきた人たちです。提案する側よりも業界に詳しい人が多いのが普通です。そんな人たちに向かって、上から目線のいい方はやめておいたほうがいいでしょう。

相手に好感をもたれる文章を!

悪い例

トイレタリーグッズの売り方は、ファンシーグッズの売り方とはまったく異なるもの。御社の営業は、その違いがまったく理解できていない。本来、トイレタリーグッズの売り方とは…

このような言い方をされて、気分のいい企業は少ないはず。これでは、企画書に共感をもってもらえない

企画書とは、いかに気持ちよく、企画を採用したい気分にさせるか、である

Section 8

正しいグラフの使い方

視覚に訴えるグラフも使い方を間違えると…

■数字の意味を考えて適切なグラフの形を選ぶ

企画書では文章で書くより、1枚のグラフのほうが説得力があることがよくあります。グラフで説明できるなら積極的に採用すべき。ただし、1ページに2個程度にとどめましょう。グラフ化に当たっては「何」をグラフ化するか、「どのように」グラフ化するかが大事です。内容をしっかりと吟味して、正しいグラフ化に努めます。意外に間違ってグラフが使われている例を多く見ます。

折れ線グラフで表示するのは「表示項目間に何らかの連続した関係がある場合」に限ります。例えば、売上げがどう変わっているかを時系列で表示したい場合は折れ線グラフでしょう。しかし、イメージ項目の比較をしたい場合に折れ線グラフを使用するのは誤りです。同様に複数回答の項目を円グラフや一〇〇%の構成比グラフにしてはいけません。

グラフの形にはそれぞれ意味があります。正しいグラフ使いに努めてください。

様々なグラフの種類を覚えよう!

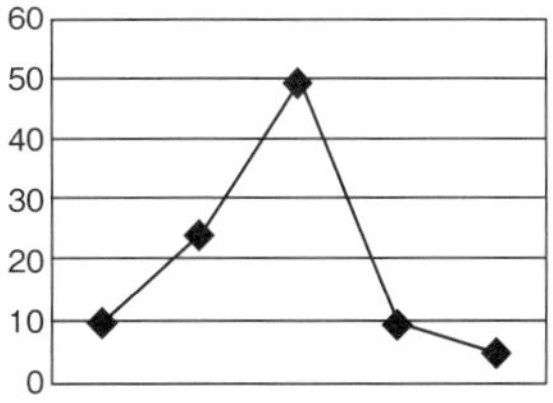

折れ線グラフ
価格の推移などに適している

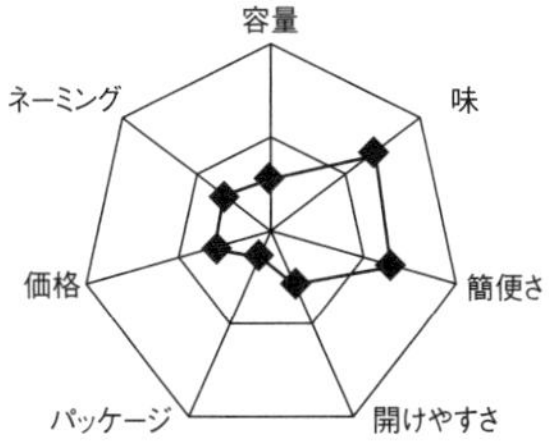

レーダーチャート
要素別の評価などに適している

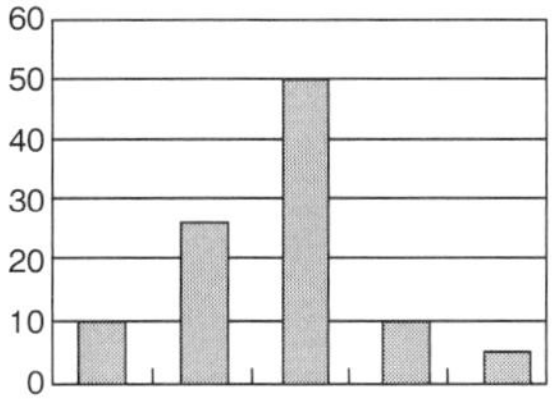

棒グラフ
売上げの比較などに適している

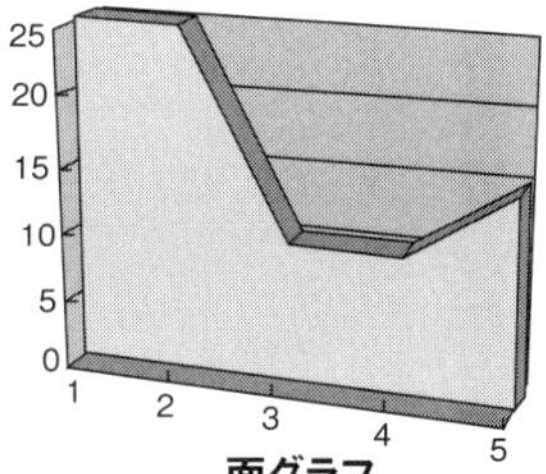

面グラフ
売上げ高の推移などに適している

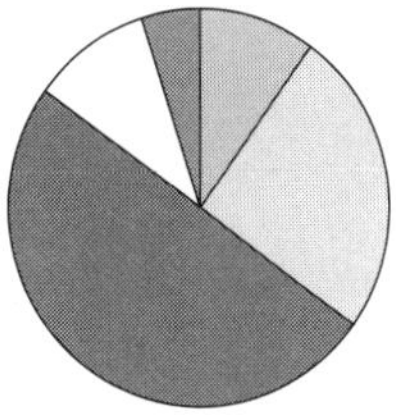

円グラフ
売上げ構成などに適している

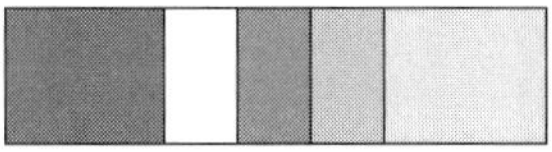

棒構成比グラフ
売上げ構成などに適している

Section 9

チャートを効果的に使おう！

文章より効果的なチャートの達人になる

■関係を考えて適切なチャートを作る

「チャート」とは日本語で「図式」のこと。考え方の流れや作業の流れを図形と文章を用いて表現することをいいます。

チャートを使うと文章で伝えるより一目瞭然でわかりやすくなります。例えば、作業の手順がいくつかあったとしましょう。それが時間の流れとともにどのように工程が変わっていくかは、文章で説明するよりチャートを使ったほうが断然わかりやすいでしょう。

しかし、チャート単体では、相手にこちらの趣旨が間違いなく伝わるとは限りません。チャートは説明が伴って、初めて意思が伝わることが多いのです。

説明がないとチャートがわかりにくい原因のもうひとつは、チャートに矢印が多用されている場合です。矢印は、時間の流れや原因と結果、上位と下位概念の関係を表すときに使います。つまり、矢印の意味するところが多く、しかも時と場合により変わるからです。

それぞれのチャートの使い方

■全体の構成を表すのによい

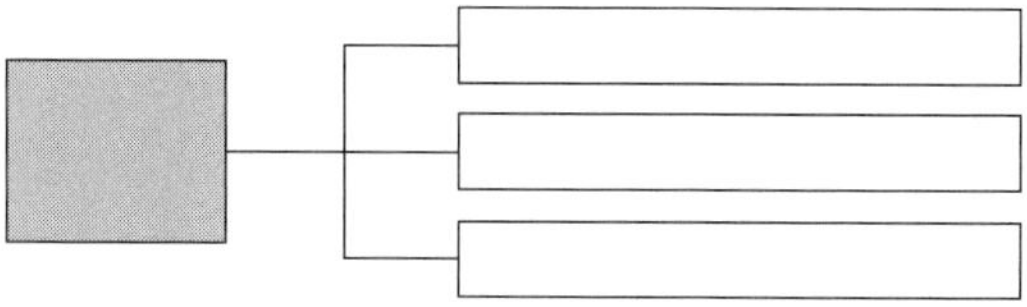

■要素分析を表すのによい

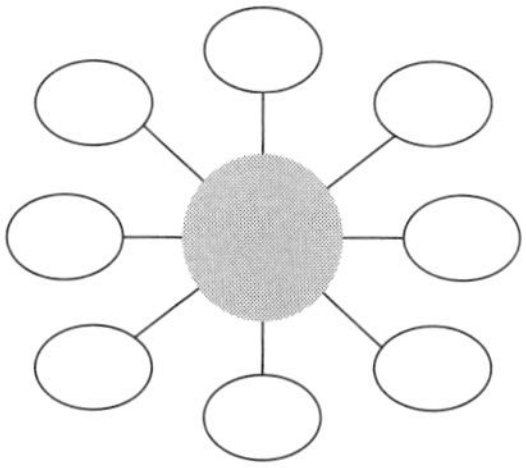

■相互の関係を表すのによい

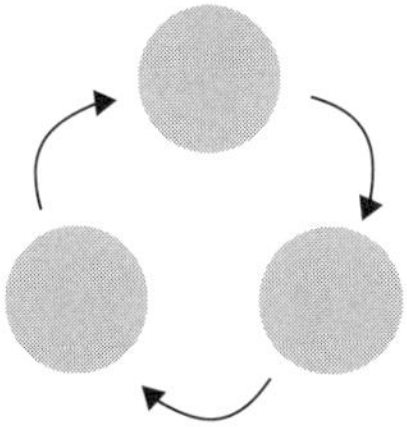

■レイヤーの組み合わせを表すのによい

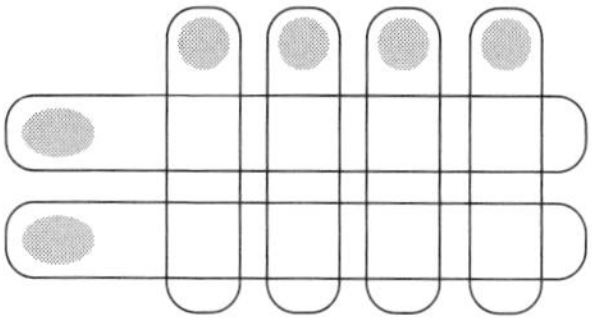

■階層を表すのによい

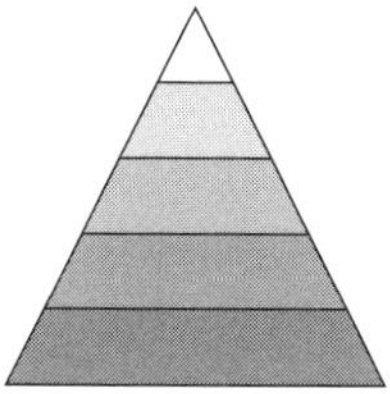

■要素の組み合わせを表すのによい

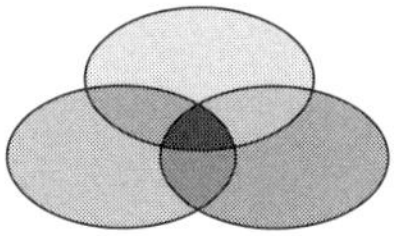

Section 10

ビジュアルを効果的に使う！

企画書に花を添えるビジュアルの使い方

■図式やグラフだけでなく、写真やイラストも積極的に使う

企画書が商品である限り、読んでもらい、企画を買い上げてもらわなくてはなりません。つまり、魅力的でなくてはならないということ。読む気を喚起するための工夫が凝らしてあってしかるべきです。そのためには、①グラフや数表を使う、②図式を用いる、③デッサンやスケッチを使う、④イラストや写真を利用するなどの工夫が必要です。

ビジュアルがあれば、見るだけでも楽しい企画書になります。しかし、ビジュアルが多用され過ぎていると疲れます。美術館の展示にしても、迫力ある絵ばかりを並べると鑑賞者は堪能ばかりで逆に疲れるために、迫力ある絵のあいだにそうでない絵を展示するそうです。

ビジュアル化は瞬間的な理解促進に向いていますが、イメージで理解してしまい、理解のしかたがあいまいになる恐れもあります。したがって、重要なことは言葉できちんと理解させるべきです。重要な箇所は必ず文章で明記しましょう。

様々なビジュアルの使い方

■文章よりもビジュアルにすることでわかりやすくなることがある。以下の手法が代表的

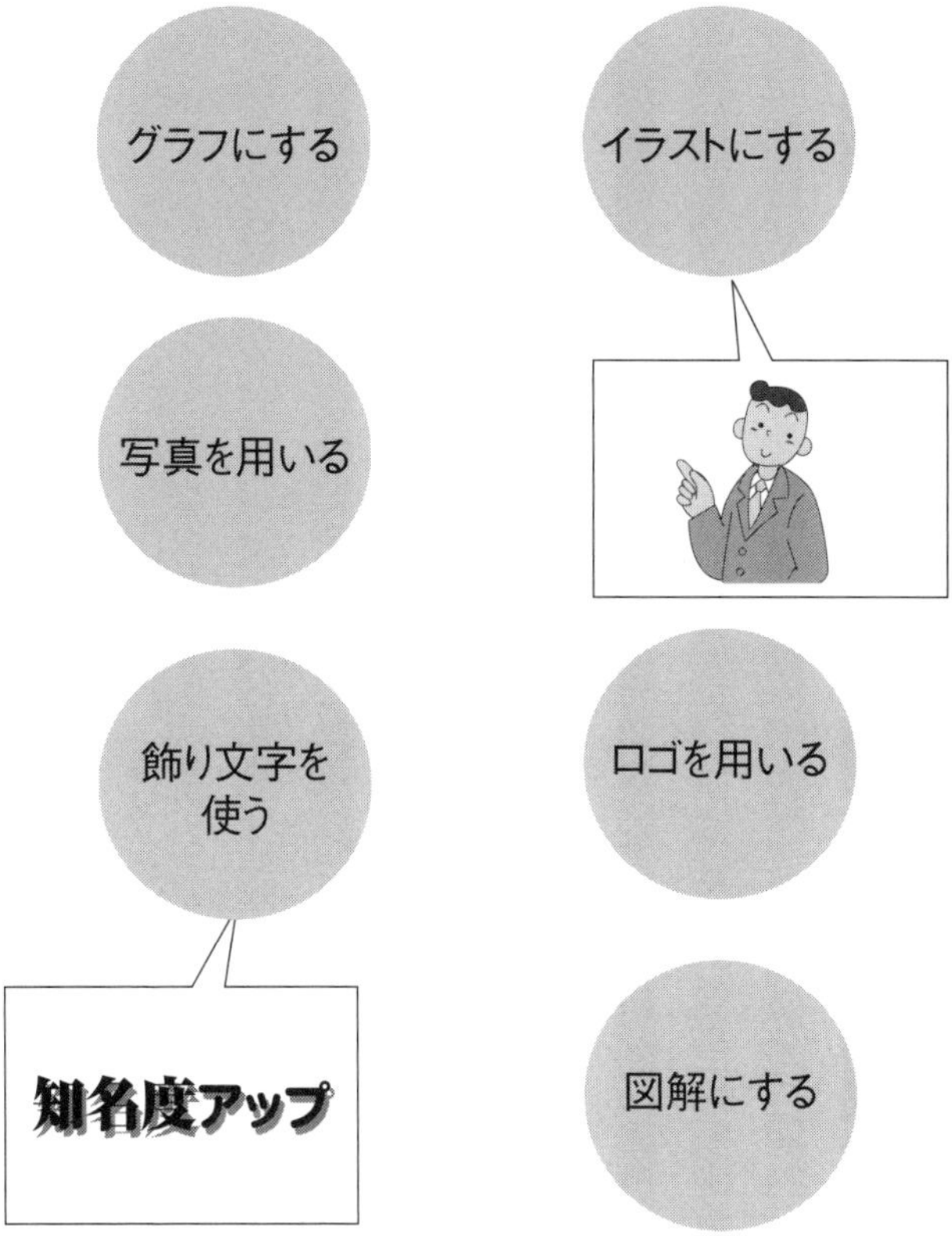

Section 11

表紙の演出にも気を使おう！

表紙は企画書の顔

■ビジュアルと魅力的なタイトルをつけよう

企画書の表紙には最低限必要な情報があります。誰に対して（提出先）、誰が（提出元）、どのような内容の（タイトル）提案を、いつ（提出日）するのかです。しかし、最低限の情報が書かれていればいいというものでもありません。それでは企画書が魅力的に見えません。表紙は企画書の「顔」。顔つきだけで思わず読みたくなるような企画書を書くようにします。

魅力的な表紙づくりのためには、積極的にビジュアルを使いましょう。依頼先企業のブランドマークやロゴマーク、商品写真、狙おうとするターゲットを描いた写真やイラストを載せることも考えましょう。これらのことで見栄えのいい表紙ができあがります。

さらに、タイトルにも凝りましょう。例えば「新店舗開発に関するご提案」というより、「お客様を今の2倍にするための新店舗のあり方」というほうが魅力的だと思いませんか？　必要ならサブタイトルで「新店舗開発に関するご提案」と入れればいいのです。

表紙で企画書の印象は変わる!

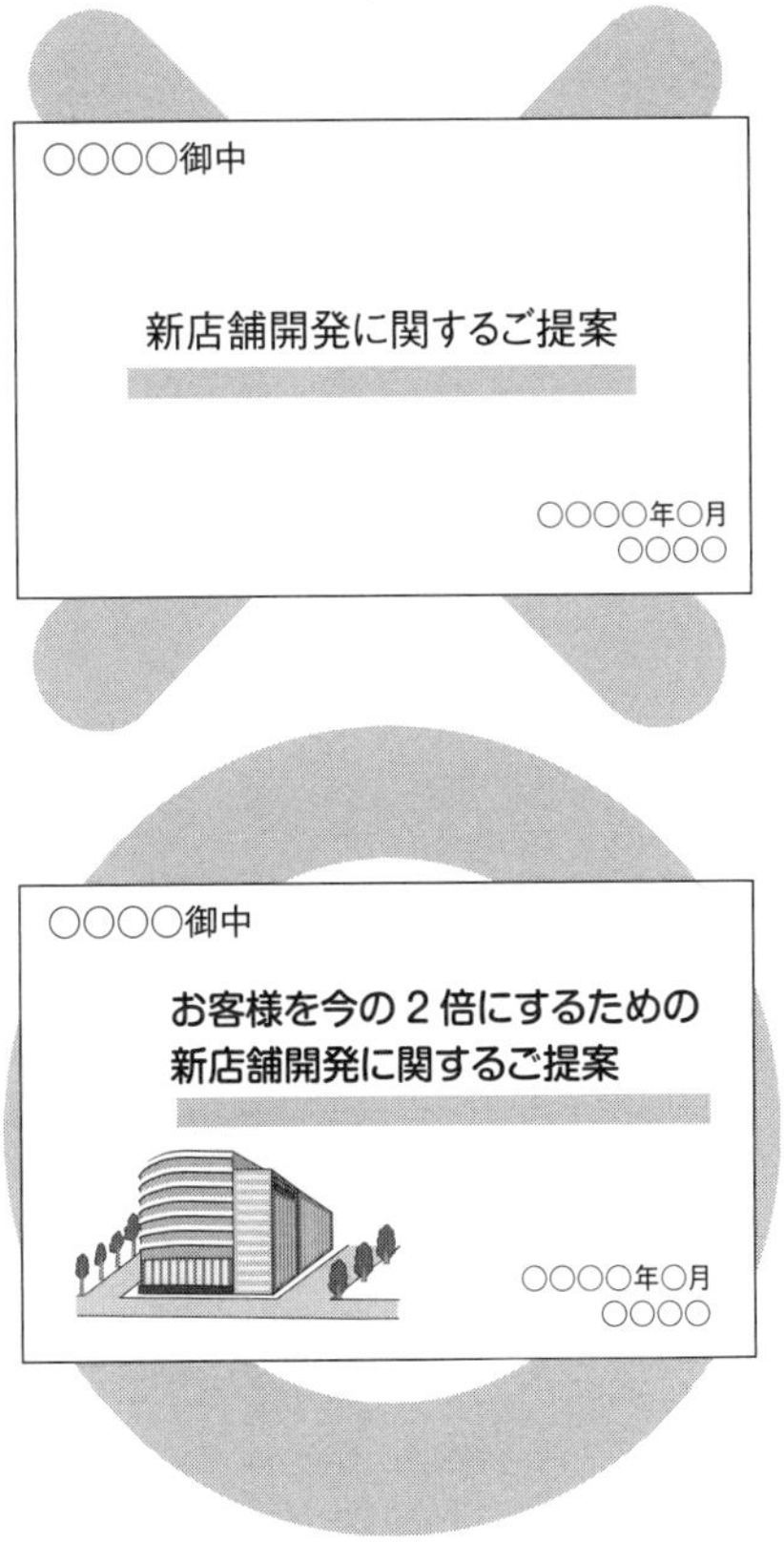

同じことを表す表紙のタイトルでも、上よりも下のほうが魅力的に見える。また、写真やイラストなどを添えると、読みたい気にさせられる

Section 12

企画書の最終仕上げをしよう！

修正作業をきちんと行い、ブラッシュアップ

■間違いがないかどうかをチェックする

企画書というのはある意味、一方的な「プロポーズ」の書類です。そのため書き方がひとりよがりだったり、思い込みが強くなってしまうことがあります。このような書類をチェックするためには他者の視点が欠かせません。他者なら冷静な目で読んでくれるからです。ぜひ、提出前には他の人に企画書をチェックしてもらうようにしましょう。

提出前にチェックすべきポイントは次のようなところです。

①論理的であるかどうか

論理的であるかどうかを確認するには、ページごとに結論をまとめ、1枚に書き出すことです。そのシートを見て、全体の流れやロジックを確認します。企画書の前半部分と後半部分で主張が異なってしまっていることもあり得ます。まず論旨が通っているかを確認します。

最終仕上げのチェックポイント7

① 論理的であるかどうか

② わかりやすいかどうか

③ 誤字・脱字がないか

④ 言葉は統一されているか

⑤ メリハリがあるか

⑥ 図表にできるものはないか

⑦ 文章を短くすることは可能か

②わかりやすいかどうか

わかりやすいかどうかは大事な要素。わかりにくい企画書では読んでもらえません。

③誤字・脱字がないかどうか

どんなに優れた企画書でも誤字や脱字があると読み手はしらけてしまいます。また、句読点の打ち方にばらつきがあるのも感心しません。これでは優れた企画書も台無しです。分担して企画書を書くとこのような問題が生じがちです。

④言葉の使い方の統一

よくあるのは英語表記と日本語表記の混在です。「プロモーション」「販売」など。言葉の短縮形にも気をつけ、例えば「販売促進」か「販促」と書くのかは最初に決めておくべきです。

⑤企画書にメリハリをつける

強調したいところの文字のサイズやフォント（書体）、色を変える、また、グラフに色をつけるなどで企画書にメリハリをつけるようにします。

⑥文章でなく図表にできないか

企画書は適度の文章と、適度のビジュアルで構成されていたほうが読みやすくなります。図表にするとわかりやすく、しかも簡単に表せることもあります。

⑦文章がもっと短くならないか

企画書の文章はできるだけ短くなるように修正します。箇条書きにできるところが残っていないか、余分な接続詞や副詞などの修飾語がないかどうか。それらをチェックします。

このような点を確認しながら企画書の最終仕上げを行うと、企画書全体の完成度が上がり、素晴らしい出来栄えの企画書になります。仕上げでいちばんいいのは他人の目でチェックすることですが、秘密保持上難しいのなら1日置くなど、チェックする時間や環境を変えるのも方法です。新鮮な目で見直すことができます。

Section 13

資料は別に添付して、企画書をすっきりと！

ちょっとした工夫で、企画書が見やすくなる

■データなどの資料はまとめて別添資料にする

企画書は「シンプル・イズ・ベスト」です。できるだけシンプルなものにするために、補足データは最小限にとどめます。流れが遮られることになりかねないので、必要以上のデータを企画書本文中に入れてはいけません。企画書上に掲載しないデータは、一括して「補足資料集」を作ります。そして、別に添付しましょう（別添資料）。

別添資料を効果的に使うためには、本編の企画書のどの箇所に別添資料が対応しているのかをわかるようにします。それには、共通の番号をふるのが一般的です。そのことで企画書と照らし合わせながら読み進むことができるようになるのです。

ときどき、別添資料と本編企画書のサイズが異なるものに出くわすことがあります。これは感心しません。企画書がＡ４サイズで、別添の補足資料がＢ４サイズでは保存が難しいからです。保存してもらえない企画書は意味がありません。企画書も別添資料も、提出はＡ４

サイズに統一しましょう。

　空間開発やイベント館などの施設や建物の企画書の場合、企画書とは別に建物全体のイメージを描いた大サイズのボードが必要なことがあります。あるいは模型やパーツを提出しなければならないことがあるでしょう。このような場合、企画書のなかに縮小した複写図なり、撮影した写真を添付するようにします。そうすれば、模型を持ち運べない場合でも検討材料になるからです。

　別添資料を準備する場合、もうひとつ留意点があります。それは表紙です。企画書と別添資料の表紙のタイトルは同じにします。そして企画書のほうにはタイトルの下に「企画書編」と表示し、別添資料には同じタイトルにしながら「資料編」と明示します。このことで、別にもうひとつの提出物が存在することがわかるのです。

同じ白でも、様々

企画書を書く紙にもブームがある。色のブームだ。紙は白いものの、その白さにもブームがある。

紙の白さを表すのは「白色度」。酸化マグネシウムの白にどれだけ近いかで白さの度合いを表す。数値が100%に近いほど白いということになる。紙はもともとパルプからできており、パルプ自体は茶色、それを漂白して白くする。ときに蛍光塗料を混ぜたりする。蛍光塗料を入れると同じ白でもやや青みがかる。人には、紙はやや青みがかったほうが白く見えるのだ。

新聞紙の白色度は約50%前後、古紙を使ったコピー用紙は70%前後。高級な上質紙は85%ほどになる。白色度を95%前後まで高める技術的な方法はすでに確立されている。しかし、そこまで高めるにはコストがかさむため、まだ量産化はされていない。

紙の白さにも嗜好がある。同じ白の紙でも、やや黄色がかった紙もあれば、青が強い白もあり、白さの好みが時代によって変化する。バブルの頃はやや青みがかった白い紙が好まれ、その前はやや黄色っぽい色の紙が好まれた。以来、青みがかった紙と色っぽい紙が10年周期で変わってきているという。白い紙にもブームがあるのである。

ブームがある紙の白さだが、最近では、やや黄色を帯びた紙（いわゆるクリーム系）が、はやってきているらしい。そのほうが、優しい印象を醸し出せるからのようである。

第5章

「企画の立案方法」

企画書の書き方の基本は身についても、実際に企画を生み出さないことには企画書は書けない。この章では、企画を考えて、組み立てていく方法を紹介

Section 1

発想するとはどういうことだろう

発想を生かすために、メモを常に傍らに

■「発想」とは、「発酵」させること

アイデアを発想するには、頭の中にすでに多くの情報が詰まっていることが必要です。多くの情報が頭の中でぶつかり合い、発酵し、そしてアイデアとなって生まれてきます。重要なのは、できるだけ多くの情報を頭の中にインプットすること。アイデアマンといわれる人ほど、知識や情報量の豊かな人が多いのはそのためです。

発想を豊かにするには、情報と情報が無意識のうちに頭の中でぶつかり合い、発酵するためにある程度の時間をかけることです。発酵には時間が必要で、発酵し終えた発想なりアイデアは思わぬときに意識下から噴き出し、浮かんできます。それこそ何かの拍子にポッと生まれてきます。世の中の天才が夢の中で思いついたり、公園を歩いている途中に思いついてあわててメモを取るという話を聞きますが、それはまさにこの状態のことです。ノーベル賞の湯川秀樹博士はいつも枕元にメモ用紙を置いていたことで有名です。

アイデアの創出の予想図

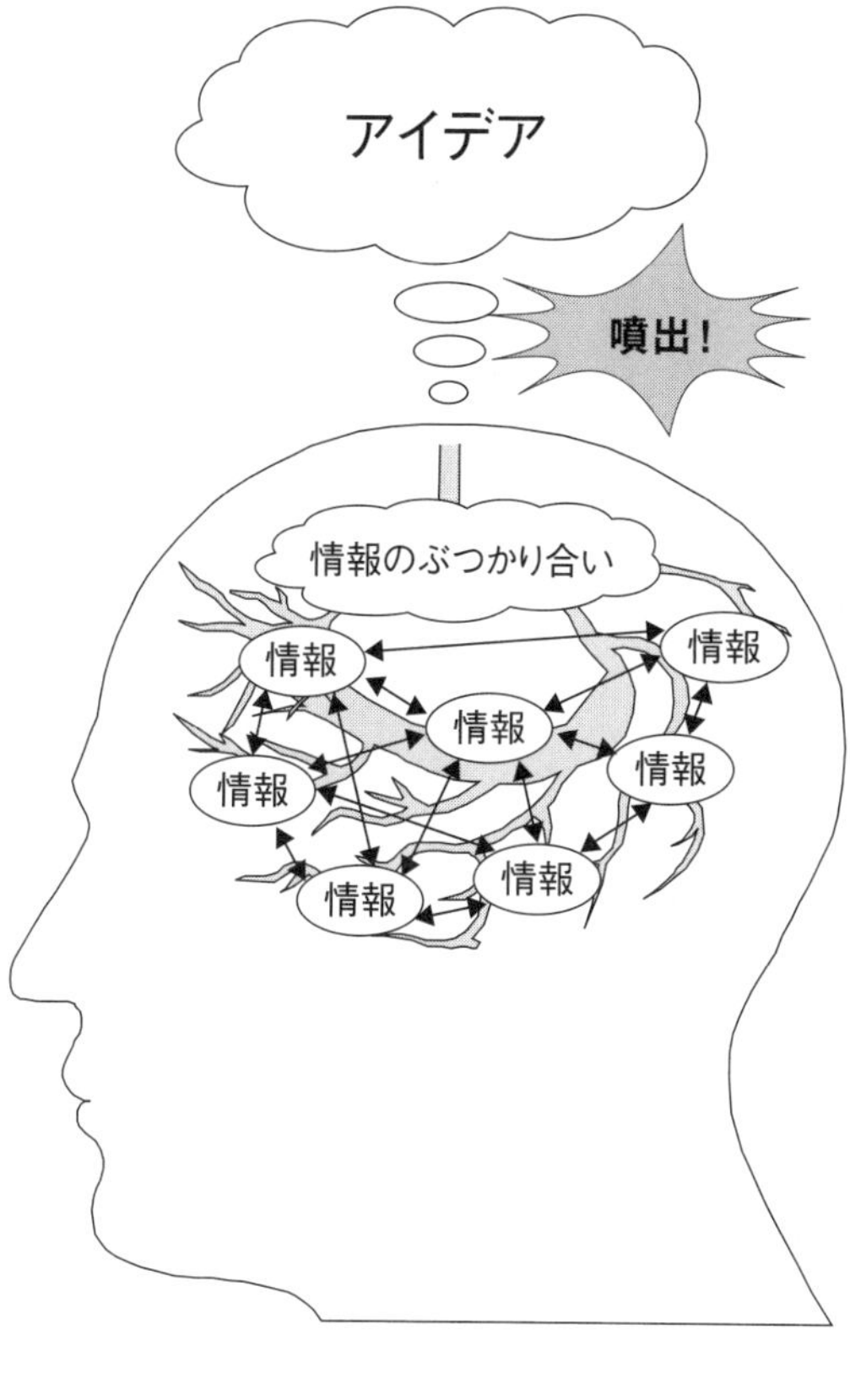

アイデアは情報と情報が頭の中でぶつかり合い、発酵し、そしてあるとき突然、意識の上に噴出する

現状の疑問から、企画は発生する！

未来を変えるという意気込みで企画を立案しよう

■どのような現状にも改善余地はある

企画は未来に対するビジネス文書。未来の変革をめざして作成されるものといえます。現状の何かを改善したり、改良したりするための企ての書類です。したがって、現状に対する疑問なり問題意識がないとすべては始まりません。

●現状はどうなっているのか
●現状の中に今どのような改善すべき問題が横たわっているのか
●現状をさらによくするためには、どのようなことに取り組んでいけばいいのか

以上のような現状への問題意識が企画の出発点になります。

どのような現状も、必ず問題点を秘めています。改善や改良の余地がないことは皆無といっていいでしょう。そう考える日ごろの態度が大事です。

いつも問題意識を持ちながらビジネスに取り組むことが大事です。アイデアマンといわれ

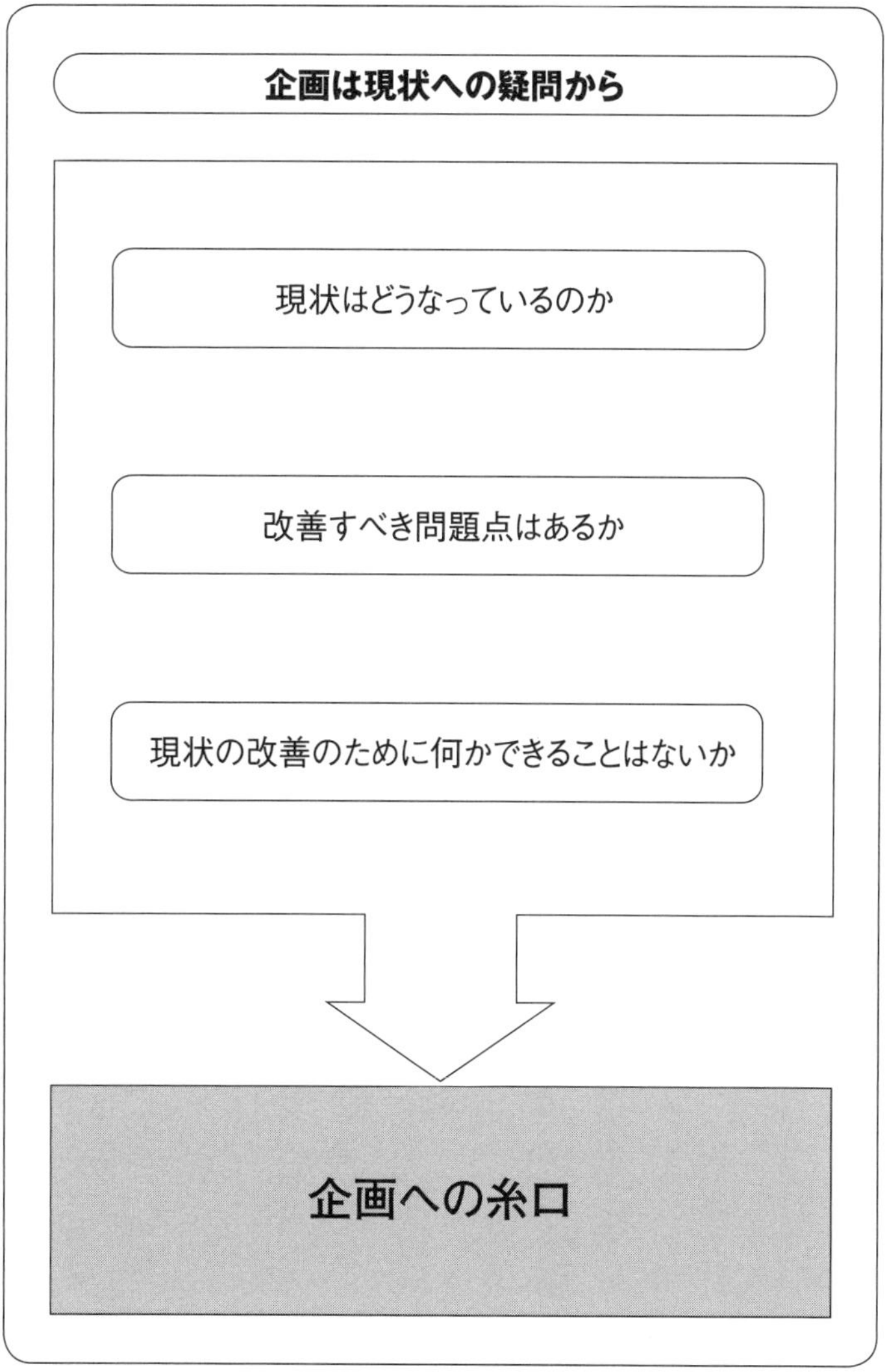
企画は現状への疑問から
現状はどうなっているのか
改善すべき問題点はあるか
現状の改善のために何かできることはないか
企画への糸口

る人とは、いつも現状に疑問をもち、何か改善するためのポイントはないか、何かいい解決策がないか……、と考えている問題意識が高い人のことをいうのです。

■依頼された企画の場合は、相手の問題意識を把握する

企画には自主提案以外に、他者からの命令や依頼のものがあります。企画が他者からの依頼によるものなら、あなたは企画立案の指示を出した人がどのような問題意識をもっているのか知る必要があります。企画立案を指示した人には、何らかの現状に対する疑問点なり問題意識があるから企画をあなたに依頼したのです。

あなたが企画依頼をされたのなら、それを相手に確認するか、想像して埋めることが必要です。そうでないなら間違った方向で企画を考えることになってしまうかもしれません。

依頼主の意図と異なった企画書が、依頼者を満足させることはありません。

他者からの依頼の場合、次のどれかに該当するか問い合わせるか、想像してみましょう。

●現状に大きな不満や疑問があるが、不満点や疑問点が明確になっていない

●現状に大きな不満や疑問があり、不満点や疑問点も明確になっている

●現状に不満はないが、よりよくするための余地がどこかにあると考えている
あはなたはあなたへの依頼者の問題意識を探り、依頼者と問題意識を共有化することが大事です。同じ目線に立つことが優れた企画立案の第一歩なのですから。

Section 3

企画立案の出発点は、「情報収集」にある！

調査は企画にとって最も大切な仕事

■現状把握には3つの方法がある

企画が現状の改善・改良なら、その現状について深く知ることが必要です。現状に対する正確な情報が効果的な企画を生み出すからです。では、現状について深く知るにはどうしたらいいのでしょう。現状を知る方法は大きくは3つあります。

●一般に公開されているデータを基に現状を把握していく。例えば、政府や行政が調査して公開しているデータ類を用いる方法

●自社内にある情報を収集して自分なりに分析・考察してみる方法。例えば、営業の報告書や専門会社から購入のデータ、自社で実施の調査データなど

●自分の耳と目で確認する方法

この3つはすべて重要ですが、現場を知らないと何も始まりません。改善ヒントは多くが現場にあるからです。

企画立案で用いるための調査の目的と種類

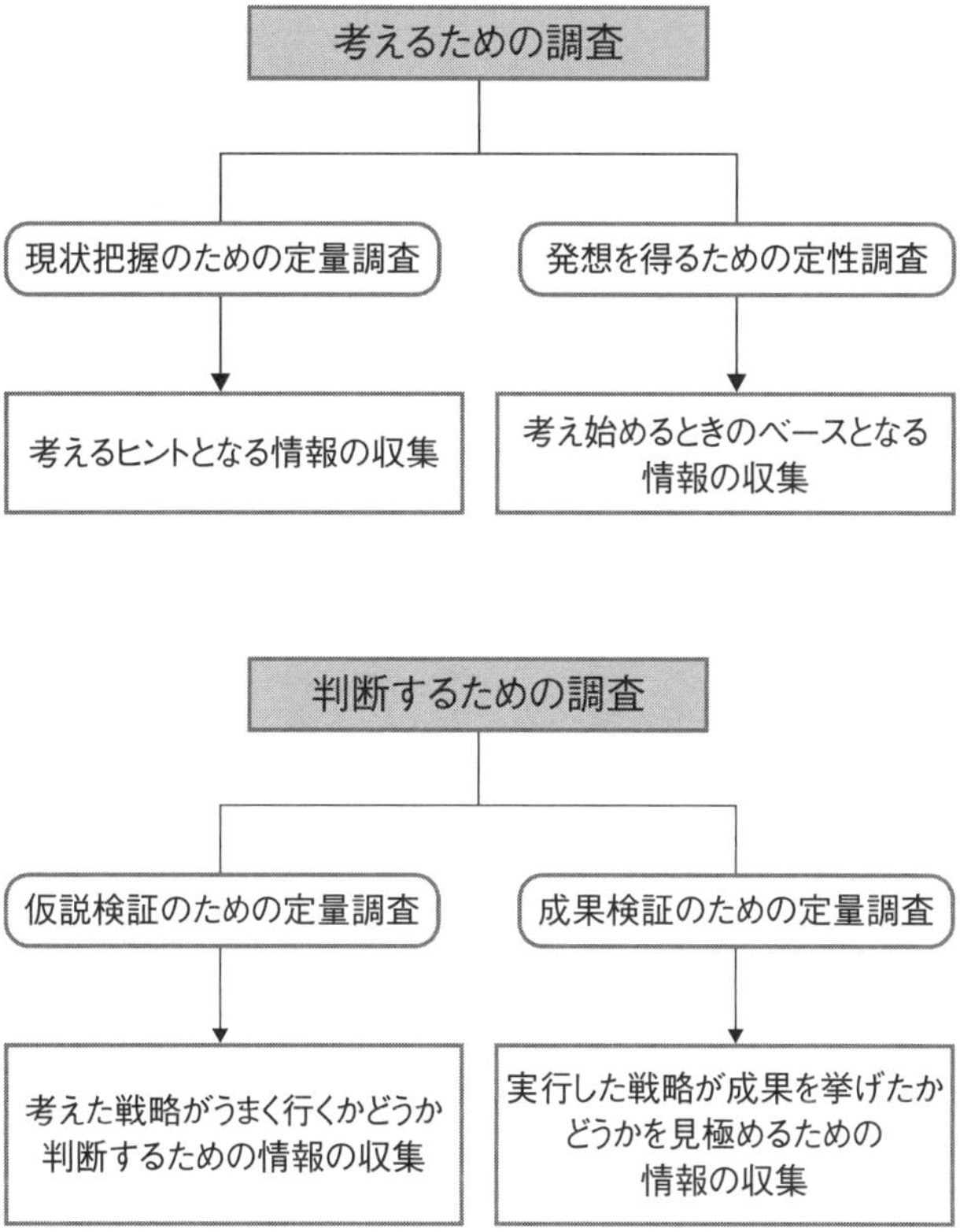

引用文献：「マーケティング･リサーチはこう使え！」菅野之彦（2006年、日本実業出版社）

■調査には、考えるための調査と判断するための調査がある

企画に調査はつきものといってもいいくらい、企画書に調査データが添付されていることが多いのです。それは調査データが企画をあと押ししたり、企画を誘導したりするからです。

調査とひと言でいっても目的は様々にあります。しかし大別すると、①考えるための調査、②判断するための調査の2つでしょう。どちらの調査とも、数字で把握する調査と数字では表すことができない調査があります。

数字で把握する調査は「定量調査」と呼び、後者の数字で表せない調査は「定性調査」と呼びます。「定量調査」の多くはパーセンテージや個数や数量や平均値などの数字で把握し、企画のヒントを得ます。一方、「定性調査」は、実際の生の声の中から企画のヒントを得ます。どちらの調査を行うかは、調査のテーマや期間、コスト、調査対象者や条件などから決めます。

■考えるための調査には、現状把握と発想するための調査がある

「考えるための調査」には、「現状を把握するための調査」と「発想するための調査」があります。「現状を把握するための調査」とは、現状はどうなっているのかを探り、そこから

問題点や課題、強み・弱みを冷静に把握することです。

一方、「発想するための調査」は、文字通りヒントを得る調査で、調査サンプルが量的に多いか少ないかは問題ではなく、どのように考えるきっかけを得たかが重要です。したがって、数字である必要性はありません。調査対象者のたったひと言でも大きなヒントになる場合があるからです。そのため、発想するための調査は定性でも構いません。

■判断のための調査は数字で確認する

判断するための調査は、「仮説検証型調査」と「成果検証型調査」から成り立ちます。仮説検証型調査とは「きっとこうに違いない」と考えたことが実際にどうかを確かめる調査のこと。定性調査ではどうしても調査結果に偏りが出てしまうので、おもに定量調査で実施します。大サンプルに基づく定量調査で本当にそういえるかどうかを数字で確かめます。

成果検証型調査とは「どれだけ成果が上がったのか」を検証する調査のこと。例えば数値を事前と事後で比較して、事前よりも確かに数字が上がっていることを確認したり、過去の事例と比較することで成果を測る調査のことです。

企画のヒントはこんなところに

五感情報をメモする習慣をつけよう

■一次情報を中心に集める

よい企画を立てるには、よい情報が必要です。ヒントになるよい情報には一次情報が適しています。一次情報とは、自分の目や耳で直接仕入れた生情報のこと。新聞やテレビや雑誌から仕入れる情報は二次情報です。調査報告書もまた二次情報です。誰かのある種の判断が働いて編集されたものだからです。

企画立案には一次情報が役立ちます。情報の鮮度が高いうえ、何より自分の五感で感じ取った情報だからです。目や耳、鼻、舌などで得た五感の情報は、意識しない潜在下にきちんと蓄積され、いつか他の情報と融合して意識の上に浮上してきます。

何かを考えるには必ずしも正確さは要求されません。企画で必要なのは正確さよりもこれから何が起きるのかを予感させる新しい情報です。まだ誰も知らない情報のほうがはるかに発想を刺激してくれます。情報は正確であるよりも新しいほうが意味があるのです。

効果的なメモの一例

京大式カード

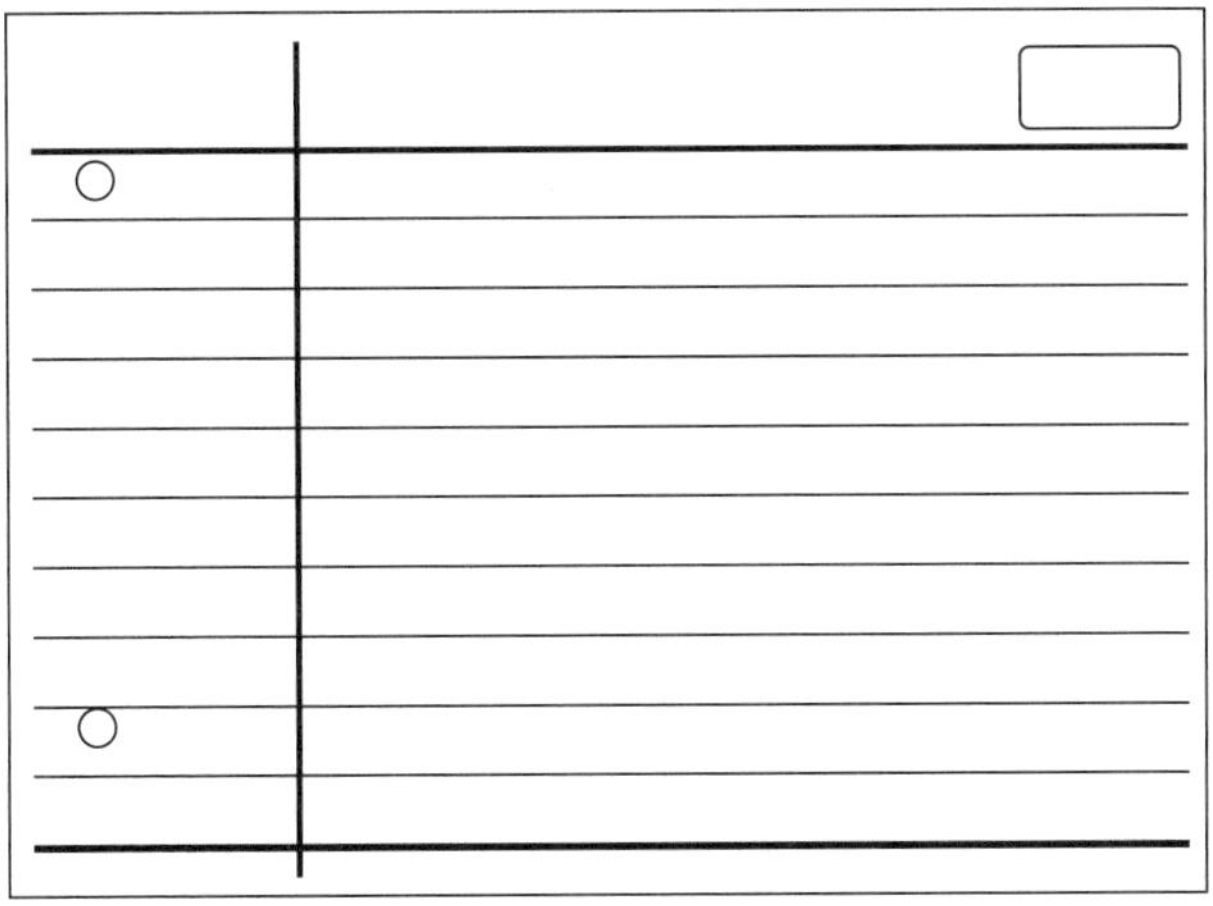

①自分の目で見たことや聞いたこと、アイデアなどを京大式カードにメモする

- 京大式カードは罫線が入っただけのものなので、自由自在に記入できる

②自分なりの分類方法で保存する

③アイデアや発想が必要なとき、あるいは企画書作成時に裏づけとなる事実がほしいときにカードをめくってみる

自分の目や耳で直に仕入れた情報は必ずメモします。メモはノートに書くのとカードに書くのと2つの方法があります。ノートを使った場合、メモが散逸する心配はありませんが、メモが時系列なのであとから利用するときに困ります。また、カードの場合は、あとから自由に加工できるので便利です。京大式カードはこのために開発されたもの。B6判サイズで、日常の観察で気づいたことを1枚1項目でメモします。カード式なので必要な情報を自由に取り出したり、分類や並び替えも自在です。

■メモを「KJ法」で整理して、発想のヒントを得る

集めた情報のメモは「KJ法」で整理します。KJ法は整理の方法でもありますが、同時に発想法でもあります。様々な事実情報を集めたとき、そこに気づかなかった意外な共通項を見出すことがあります。その共通項が「洞察」になり、発想のヒントになります。

KJ法について説明しましょう。

①すべてのカードを一覧できるように並べる

②並べたカードの中から、似た内容のカードをまとめて束ねる（グルーピング）

③束ねたカードのどこが似ているのか、複数のカードの共通している理由を考える
④理由がわかればそれを束ねたカードのいちばん上にグループのタイトルとして記入する
⑤新しく記入したタイトルのカード同士を並べ、再びグルーピングを進めていく
⑥グルーピング同士の関係を俯瞰《ふかん》する
⑦俯瞰したあとで、グループ間の関係を考え、整理していく

KJ法では、似たもの同士のカードをまとめ、小分類から中分類、大分類へとグルーピングを進めていきます。分類・整理を進めることで、最初はバラバラに見えていた情報が統合され、知見やアイデアが発想でき、問題解決の方法が探り出せます。これがKJ法の真髄です。KJ法が単なる分類法ではなく、発想法といわれるゆえんです。

KJ法を用いると、個人の頭の中でモヤモヤしていた概念や集団では意思統一がしにくかった概念が紙の上に体系化され、円滑に共有が図れるのもメリットです。

企画に役立つ情報は普段から集めておくことが肝心です。企画の仕事が発生してから集めていては間に合いませんから。

シンプル手続き

チケットの購入が簡単

・無記名で乗れる
・予約がいらない
・購入方法も簡単

乗り降りがラク

・手荷物検査がない
・飲料なども持ち込める
・荷物を手元に置ける

どこへでも簡単に移動ができる

・乗り継ぎが簡単
・地方都市にも行きやすい
・在来線への乗り換えが簡単

安全・安心

・安全性が高い
（事故がほとんどない）
・運行に安心感がある

低価格

・チケットが比較的安い
・運賃の季節による
変動が少ない

KJ法の図表の例「新幹線のよさとは何か?」

思い立ったら即できる、スピーディさ

簡単・便利

使い勝手がよい

- 最終の列車が遅くまである
- 始発が早くからある
- 発着の本数が多い

いつでも乗車できる

- 座席数が多い
- お盆や年末年始をのぞき満席になることが少ない

計画が立てやすい

- 時間通りに発車する
- 天候に左右されにくい

座りながらの快適シート環境

シートが快適

- シートベルト不要
- シートの間隔が広い
- 対面式ボックス席がある

席での自由度が高い

- ケータイが使用できる
- パソコンの操作ができる
- おみやげを買える

乗り心地がいい

- 揺れが少なく、酔いにくい
- 耳に圧迫感が少ない

外の景色が楽しめる

- 変化のある車窓
- 視界が広い
- 大きい窓で、開放感がある

他人の頭も利用してしまおう！

ブレストは、いろいろなアイデアを捻出する場

■他人の突拍子もないアイデアに悪ノリすること

自分ひとりで考えていても、出せるアイデアには限界があります。そんな場合には「ブレーンストーミング（＝ブレスト）」が有効です。様々な企画会議でよく利用される方法のひとつで、概略は、①3～6人程度で行う、②人の意見や発言内容をけなさない、③リラックスして自由に意見を出し合う、④意見が出なくなっても無理矢理意見を出す、⑤発言内容を見えるところに書き出す、⑥書き出された発言を見ながら再び意見を出し合う。

ブレストを開始して30分もするとアイデアが出なくなることがあります。しかし、何も思いつかなくても無理矢理脳みそからしぼり出すように、アイデアを出すのが重要です。無理矢理しぼり出す突拍子もない発言が、他の参加者の大きな刺激になることがあるからです。相互刺激がブレーンストーミングの本質なので、強制的にアイデアを出すことには大きな意味があります。大いに悪ノリすべきなのです。

ブレストでアイデアを捻出しよう!

ブレストの極意

他人の発言に悪ノリすること!

ブレストのルール

- ●3〜6人ほどで行う
- ●発言の内容は必ず全員が見えるところに書き出す
- ●他人の意見や発言をけなさない（批判しない）
- ●リラックスして行う
- ●意見が出なくなっても、無理矢理出す（強制的に意見を出すこと）

「キーワード発想法」でアイデアを出してみよう！

あらかじめ準備されたキーワードに基づいて発想する

■強制的に発想するのがポイント

「キーワード発想法」とは刺激語としてのキーワードを見ながら、アイデアをひねり出す発想法のことです。「大きくしたらどうなるか」「小さくしたらどうなるか」「透明にしたらどうなるか」「子ども用にしたらどうなるか」など、今ある商品を目の前にしながら、サイズや色や使用場所、ターゲットなどを手がかりに、いろいろアイデアを考え出す方法です。

例えば、新製品開発の企画なら「今あるアイスクリームをもっと小さくして『ひと口アイス』にしたらどうだろうか」とか、ターゲットを変え「おばあちゃんのためのアイスクリームはないだろうか」などと考えてみます。

キーワード発想法だけにいえることではないのですが、アイデアを出すには、あらかじめある刺激語を基に、強制的に発想するということが大事です。それこそ実現不可能な奇想天外なアイデアでいいのです。無理やりひねり出しましょう。

「キーワード発想法」とは…

キーワードを手がかりに、無理矢理アイデアをひねり出すことが大事

サイズを変えてみたら	例）小さくしたら／大きくしたら
量を変えてみたら	例）少なくしたら／ファミリー対象にしたら
形を変えてみたら	例）丸くしたら／曲げたら
色やデザインを変えてみたら	例）白くしたら／シャープな感じにしたら
機能を変えてみたら	例）多機能にしたら／他の機能を付加したら
使用場所を変えてみたら	例）リビング用にしたら／公園用にしたら
使用時間を変えてみたら	例）朝用にしたら／トレーニング用にしたら
使用者を変えてみたら	例）小学生用にしたら／病人用にしたら

「GM発想法」でアイデアを出してみよう！

グループで他者のアイデアを見て書き足していく

■人前で発表するのが得意でない人向き

「GM発想法」とは「Group Memo」の略。グループでアイデアをひねり出し、回覧される紙にみんなでメモを書き足していく発想法をいいます。

この発想法は、紙に書かれた他人のアイデアを基に、自分のアイデアをそこに書き足し、再び他者に回すという方法なので、人前で意見を言うのが苦手な人にも向いています。

この発想法の実施のしかたを説明します。

①（いくら多くてもかまわないが）3人から6人くらいで会議室に集まる
②司会者をひとり決める
③司会者がキーワードを提示する
④司会者が提示したキーワードを基に発想し、そのアイデアを紙に2～3個書き出す
⑤各自、終わったら、記入した紙を左隣の人に渡す。同時に、反対側の右隣の人から記入済

「GM発想法」とは…

他人の書いたアイデアに、順番にみんなでアイデアをドンドン書き足していく発想法

① 3人から6人くらいが集まり、輪になる（いくら多くても可能ではある）

② 司会者が提示するキーワードをもとに各自アイデアを発想し、シートに2〜3個書き出す

③ 記入し終わったシートを他者に渡し、アイデアを書き足してもらう。同時に他者の記入済みシートを受け取り、他者のアイデアを見ながら自分のアイデアを書き足す

④ アイデアを2〜3個書き足すごとにシートを順に回していく。これを何周か行う

みの紙を受け取る

⑥右隣の人から回ってきた紙に書かれたアイデアを見て、そのアイデアから新しいアイデアを2~3個考え、それをその紙に書き足す。そして左隣の人に回す

⑦3~5巡目になったら、司会者が違うキーワードを全員に提示する

⑧司会者が新たに提示したキーワードに従って、各自、これまでと同様に紙にアイデアを書き足していく。そして隣の人に渡す

⑨これを何度か繰り返していく

⑩キーワードが出つくしたと思われるところで終了する

⑪キーワードごとに各自が気に入ったアイデアを選出し、アイデアの採決を取る

このGM発想法のいいところは、他人のアイデアを見ることができることです。そしてその他人のアイデアを刺激語にしながら、自分で考え、アイデアを書き足していくことにあります。あくまでも他人のアイデアがベースになっているので、いつもの自分では思いつかないような斬新なアイデアを考え出すことができます。決してひとりでは出ないようなアイデアが次々と発想できるので、アイデアの幅が広がります。

また、このGM発想法は、たくさんのアイデアを出す必要があるときに適しています。なにしろ5分単位で記入用紙をみんなで回していけば、あっという間に100程度のアイデアも簡単に出すことができるからです。

加えてこのGM発想法のよさは、必ず1回あたり2～3個のアイデアを出さないといけないという「強制性」にあります。無理やりしぼり出すアイデアは突拍子もないものが多いものです。しかも、その突拍子もないアイデアほど、画期的なアイデアに結びつくことが多いのも事実です。

この発想法に問題があるとすれば、会議の場が少々静かなことでしょうか。それに何度か回覧された紙には、あとになるほどアイデアが多くなるので、読むのに時間がかかることでしょうか。

とにかく、一度試してみてはいかがでしょう。試す価値は十分にあります。

Section 8

「ポジショニングマップ」で企画のヒントを創造する

競合から発想すればいいアイデアが出る

■空き枠に位置づけられるアイデアは、採用される可能性が高い

競合の中で差別化を考えながら商品やサービスの新しいアイデアを発想するには、まずはポジショニングマップを作ることです。ポジショニングマップはどのようなものでもかまいません。競合の商品やサービスとの関係が一覧的に把握できればいいのです。

ポジショニングマップは、上下と左右があり、それぞれ意味をもちます。つまり、上下左右の2つの軸が重要なのです。この2軸は生活者からみて意味のある、つまり、ある種の価値を表す軸であることが大事です。そのマップを見ながら空いている空間はないかと考えます。空いている空間があれば、そこに位置づけられる商品やサービスとはどのようなものなのか、どのような機能をもっていればいいのか、どのような仕様であることが大事なのか、それを考えればヒットする可能性が高い商品やサービスが企画できるのです。競合相手がいない独自のポジションに位置づけられるものは、強いのです。

ポジショニングマップの作り方

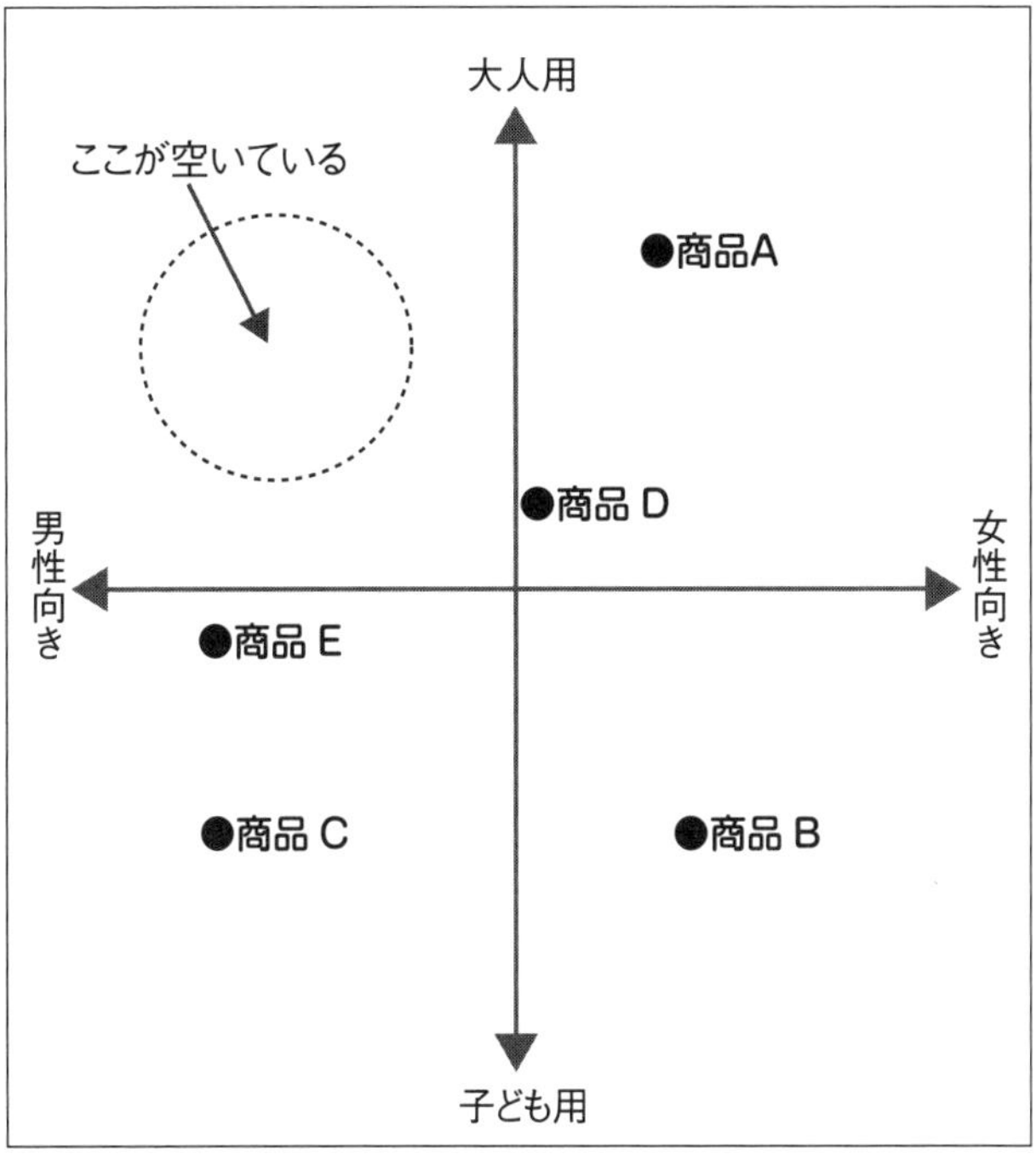

競合関係にある様々な商品を2軸上に布置してみる。どこかに空いているスペースがあるとするとその空間に位置づけられる商品を開発すればいいということになる。このケースだと「大人の男性」の空間が空いており、それをコンセプトにする商品を企画すればよいのでは?…となる

鉛筆を使ってみませんか？

鉛筆はなぜ、六角形なのだろうか？　人間が鉛筆を握るときは３本の指を使う。そのため３の倍数である六角形が一番握りやすいというのが理由だ。六角形だと、３本の指に均等に力がかかり、握りやすく、疲れにくいというのが理由だ。また六角形だと、机の上で転がらないからよいという利点もある。

一方、なぜ色鉛筆はすべて丸型なのか？　色鉛筆は黒鉛と違って柔らかい。だから折れやすい。折れやすいために力が均等に芯にかかるようにしなければならない。それには円形が最適という理由からである。そのほかにも、色鉛筆は絵画などを描く場合にも使うので、鉛筆の側面に「へり」があると何かとじゃまになるというのも理由だそうだ。

鉛筆の形には、六角形や丸型以外にも様々なものがある。三角形のものは今でも鉛筆の持ち方の矯正に使用されるなどしている。その形から、小学生のあいだでは「おにぎりえんぴつ」とも呼ばれている。また、星型のものもかわいさでなかなか人気がある。

第6章

「オリジナルの企画書を作ろう」

この章では、企画書のひな形を紹介。これらのひな形を使ってみて、応用して、オリジナルの企画書を作ってみよう。自分なりのひな形ができれば、企画書作成は怖くない！

Section 1

プレゼンソフトを上手に使いこなそう！

プレゼンソフトをマスターするのは企画書作りの第一歩

■プレゼンソフトは効果的な企画書作成に威力がある

企画書の作成には、一般的にマイクロソフト社の「ワード」などの文書作成ソフトを使用します。もちろん、「パワーポイント」などのプレゼンテーションソフトでも企画書を作成できます。

プレゼンテーション作成の専用ソフトには、効果的な企画書を作成をするための工夫が込められています。企画書作成にも積極的に利用しましょう。

［プレゼンソフトの利点］

- 簡単に書式のフォーマット化ができる
- ページの順番の入れ替えや、新しいページの挿入、ページの削除が簡単
- 図形が簡単に作成でき、しかも書面の好きな位置に描くことができる
- 図形を組み合わせたり、フリーハンドでどのような図形も作成できる

プレゼン作成ソフトを使うと…

① フォーマット化が簡単

② ページネーション（全体の構成など）が簡単

③ 図形を好きな位置に配置できる

④ 組み合わせで、どんな図形でも描ける

⑤ フォント指定で書体や文字の大きさを変更可能

●様々な文字やサイズが使える

プレゼンソフトは、もちろんプレゼンテーションの実施にも効果を発揮します。アニメーション効果を使用すると画面の中での文章や図形の映し出し方も自由自在です。文字やグラフをゆっくり出現させたり、話のスピードに合わせて現れて次第に消えていくように操作することも可能です。また、大事な箇所の文字や図形、グラフを点滅させることも可能ですし、大きく変化させることもできます。そのほか、レーザーポインターを使うとマウスを遠隔操作で動かすこともできるので、パソコンから離れて使うことができます。

■プレゼンソフトは使いすぎると効果は半減する

プレゼンソフトは効果的な企画書作成に威力を発揮しますが、気をつけないと逆に失敗することがあります。プレゼン作成ソフトを使用してプレゼンテーションを行う場合、次のような点に気をつけましょう。

●あまり多くの文章を書き込まない。せいぜい1ページ10行まで。理想は5~8行ほど

●使用する文字（フォント）の大きさは18ポイントを最小限度とする。これよりも小さいサ

イズではプロジェクターで映写したとき読みづらい

●アニメーション効果を多用しない。アニメーション効果の多用は、聞き手からすると落ち着いてプレゼンを聞くことができなくなる

昨今ではプレゼンソフトの使用が標準になってきています。アニメーション効果も、もはや誰もが使う機能です。この機能を使うとどのプレゼンテーションも内容に関わらず同じ提案に見えてしまう危険性もあります。

プレゼンテーション慣れした人からすると「またか」「この画面はどこかで見たことがあったな」となり、なんら新鮮さはなく、内容さえも新鮮に見えなくなってしまう可能性もあるので留意してください。

自分なりのフォーマットを作ってみよう

ひな形ができてしまえば、企画書の量産も夢ではない!?

初めて企画書を書くときは、何をどう書けばいいのか、どこから書けばいいのか迷うものです。そんなときはフォーマットを利用するのもひとつの手です。

ここでは、3種類のフォーマット（一枚ものの企画書）を参考として掲載しました。何度も繰り返すように、企画書には決まった書式がありません。ですから、ここにあるフォーマットをそのまま利用するのもいいですし、これらをうまく組み合わせて、自分なりのフォーマットを作ってみるのもいいでしょう。基本的に1枚で書くようになっていますが、それぞれを充実させることで、複数枚の企画書にすることも可能です。

また、プレゼンテーション作成ソフトを使った複数枚の企画書の例も掲載しました。最初はなかなか要領がつかめないかもしれませんが、何枚も書くうちにコツがつかめてくるはずです。そして、あなたらしいオリジナルな企画書が作成できるようになってください。

■企画書のフォーマット例1

企画タイトル

現状	商品やブランドや企業が抱える問題点を探りだすために現状を調べる
課題	今、取り組むべき点とは何かを明示する
解決方向	課題をどのように解決するかを明示する
企画概要	解決の方向に基づき、どのような企画を実行すべきかの要約をする
企画詳細	企画を、さらに詳しく明示する 例えば、ターゲットやエリアや期間など…
期待成果	企画を実行することで、どのような成果が得られるのかを明示

現状に関するデータを収集し、分析を加え、課題を明確にしながら企画書を作成する場合に適している。分析的な企画書作成の代表例

■企画書のフォーマット例2

企画タイトル

企画概要	今、どのような企画を 実行するべきなのか
現状と課題	なぜ、今、その企画を 実行しなければならないのか、 その理由を現状から 導き出せる課題を提示することで 明示する
企画詳細	企画をさらに詳しく明示する 例えば、ターゲットやエリアや 期間など…
期待成果	企画を実行することで、 どのような成果が得られるのかを明示

まず最初に結論としての企画概要を説明し、その理由をあとから述べるという形式のもの。単刀直入な説明のしかたなので、スピーディさを優先する場合に向いている

■企画書のフォーマット例3

企画タイトル

企画背景	企画を実行しなければならない 事情を、背景として書く
企画目的	何をめざして企画を実行するのか、 その目的を明示する
企画コンセプト	企画をひと言でいうと何か
企画内容	企画をさらに詳しく明示する 例えば、ターゲットやエリアや期間、 条件など…
期待成果	企画を実行することで、 どのような成果が得られるのかを明示

課題が明確になっているか、現状に関してすでにコンセンサスが得られているという前提がある場合に向いている企画書の代表例

■企画書のフォーマット応用例１

企画ライブラリーの設立

企画背景	●社内には多くの企画書が存在する。提出し終えた企画書は制作者それぞれが保管している状態 ●企画書には採用されなかったアイデアで、再利用できるものも少なくない
企画目的	●社内で死蔵となっている企画書をセンターファイリングし、社員全員が閲覧できるようにすることで社員のレベル向上を図る
企画内容	企画ライブラリーの設立 ●本社5階の社内資料室内に設置する ●運営スタッフは、社内資料室専従者が兼任する ●ファイリング手順 ①使用を終えて3か月経過した企画書が対象 ②制作者が提出カードに記入し、実物の企画書とともに企画ライブラリーに提出 ③提出カードに記入された機密レベルごとに保管 ④閲覧者は、社内LANで検索し、貸出しに際しては閲覧カードに部署と氏名を記入 ⑤貸し出し期間は2か月間
期待成果	●社員の企画書作成スキルの向上 ●企画書作成期間の短縮

戦略をわざわざ表記する必要がない場合の企画書例

■企画書のフォーマット応用例2

「秋のモナコツアー」の販促企画

企画背景	発売2か月を経過するが、申し込み件数はまだ10名と予定の50名に大幅に満たない。実施日までにあと2か月に迫り、ここで大幅な販促活動を行うことが急務のため
企画目的	申し込み件数の拡大
基本戦略	ダイレクトメール郵送による販促展開
企画内容	ターゲットを医者・弁護士とする 理由　1)モナコに関心を示す人は、海外旅行慣れした人 2)秋に長期休暇が取れるのは、自営業者 ↓ ●ターゲットとする人は、普段あまりマスメディアに接していない。またこのため、マスメディア以外のDMと電話セールスでアプローチする ●対象エリアは全国とする ●9月1日〜9月30日までの展開
期待成果	計50名の獲得

企画立案が明らかに必要とされている場合、理由をくどくどと説明する必要はない。「企画背景」をシンプルに説明して「企画内容」の説明に重点を置く

■内容量が多く、しかも1枚で表現したほうがいい場合の企画書の例

短時間で説明するのが効果的な場合、企画書は1枚にするのがよい。もし、内容量が多かったり、考え方の流れが一目瞭然にわかったほうがいい場合は、A3サイズで作成する。左の例は、チャート形式で考え方の道筋がわかるようにしたもの。

るご提案

2009年11月
(株)東京企画

■基本戦略

狙い：「現代人の髪は気づかなくても傷んでおり、髪のためにはルチーナ成分配合かどうかで選ぶべき」という新しい選択軸の提案

ターゲット：髪が傷んでいると自覚している人すべて

商品コンセプト：髪を内側から修復するすばる製薬のシャンプー「ルチナール」

■キャンペーン展開

●テーマ
「気づかないあいだに、現代人の髪は傷んでいる」

●キャンペーンコンセプト
これからのシャンプーはルチーナ成分配合の『ルチナール』

●メディア展開
・テレビスポット…8000GRP（初年度）
・新聞……………毎朝・大日本　全面4回
・雑誌……………婦人誌・女性誌
・インターネット…発売時に集中。バナー広告

■期待される効果・成果

●すばる製薬においてのシャンプー事業の確立
●エンド商品による企業認知の向上

■「一枚もの企画書」作成例

すばる製薬　御中　　　　**新シャンプー『ルチナール』の市場導入キャンペーンに**

■現状分析

市場

●市場は伸びていない

●シャンプー市場は、フラグメンテーション市場になっており、トップシェアブランドでも約8%でしかない

●シャンプーメーカーのほとんどはトイレタリーメーカーが中心

消費者

●シャンプーの購入銘柄忠実度は高く、いつも同じブランドを購入する人が8割を超える

●トップシェアブランドの強さは「髪をつややかにすること」だが、第2位のブランドでは「地肌を整える」ことが支持されており、ブランドを購入する理由はブランドで異なる

商品

●シャンプーの既存商品で薬効成分「ルチーナ」を含んだ商品はなく、唯一の商品

●最近の健康ブームで成分の「ルチーナ」を知っている人も増えてきている

広告

●ブランドのシェアと広告出稿量のシェアとの相関は高い

●多くのブランドは髪への効果を訴求しており、ベネフィット訴求型が多い

■問題点とチャンス

■問題点

●シャンプー市場に実績がないこと

■チャンス

●すばる製薬はシャンプー市場の中で唯一の製薬会社であること

●製薬会社としてすばる製薬は高い企業イメージがある

■課題の設定

●シャンプー選びの新しい基準として「シャンプーは髪への薬効で選ぶべきである」という新しい常識を定着させる

■仮説

●消費者はシャンプーの選び方がわからず、ついいつものブランドを購入しているのにすぎない。明確な選ぶ基準を提示すると、ブランドスイッチは容易に起きるはず

●薬効成分「ルチーナ」が「髪を内側から治癒する」機能は新しい評価基準として高く受け入れられる

■戦略

■解決の方向

これからのシャンプーは薬効成分「ルチーナ」が入っているかどうかで選ぼうという新しい選択軸を提示していくこと

■「レトルトカレーの新商品開発」に関する企画書の例

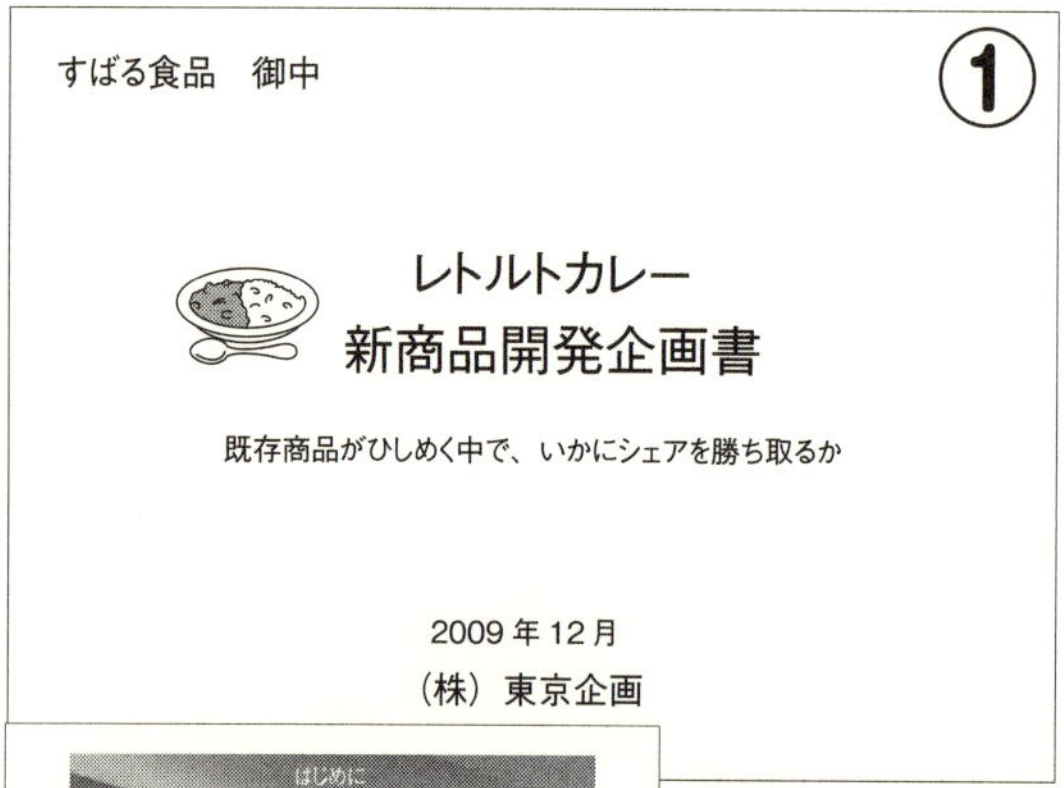
すばる食品　御中
①
レトルトカレー
新商品開発企画書
既存商品がひしめく中で、いかにシェアを勝ち取るか
2009年12月
（株）東京企画

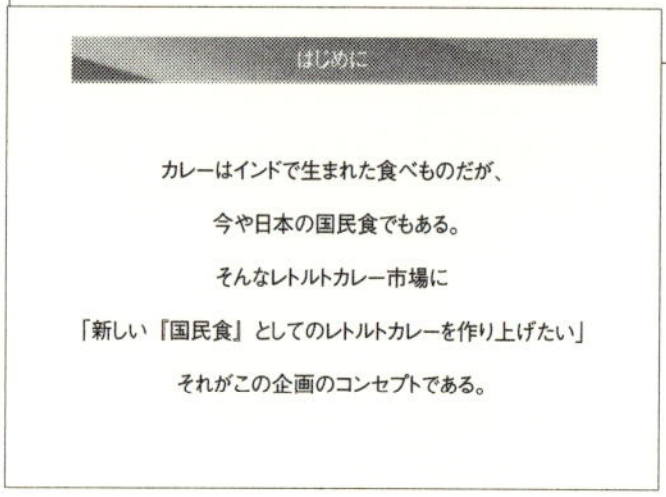
はじめに
カレーはインドで生まれた食べものだが、
今や日本の国民食でもある。
そんなレトルトカレー市場に
「新しい『国民食』としてのレトルトカレーを作り上げたい」
それがこの企画のコンセプトである。

②

←「はじめに」にはあいさつ文を入れない。この場合は企画のコンセプトを冒頭で述べている。そのことで企画書の理解が早くなる

1枚の企画書では説明しきれない場合、複数枚の分量を使って説明するのがよい。

複数枚を費やして企画を説明する場合、伝えたいメッセージをページごとに明確に言い切っていく。その場合、そのページが何について書かれたページなのかがわかるように、ページごとにタイトルをつけていく。必要ならサブタイトルもつける。

③

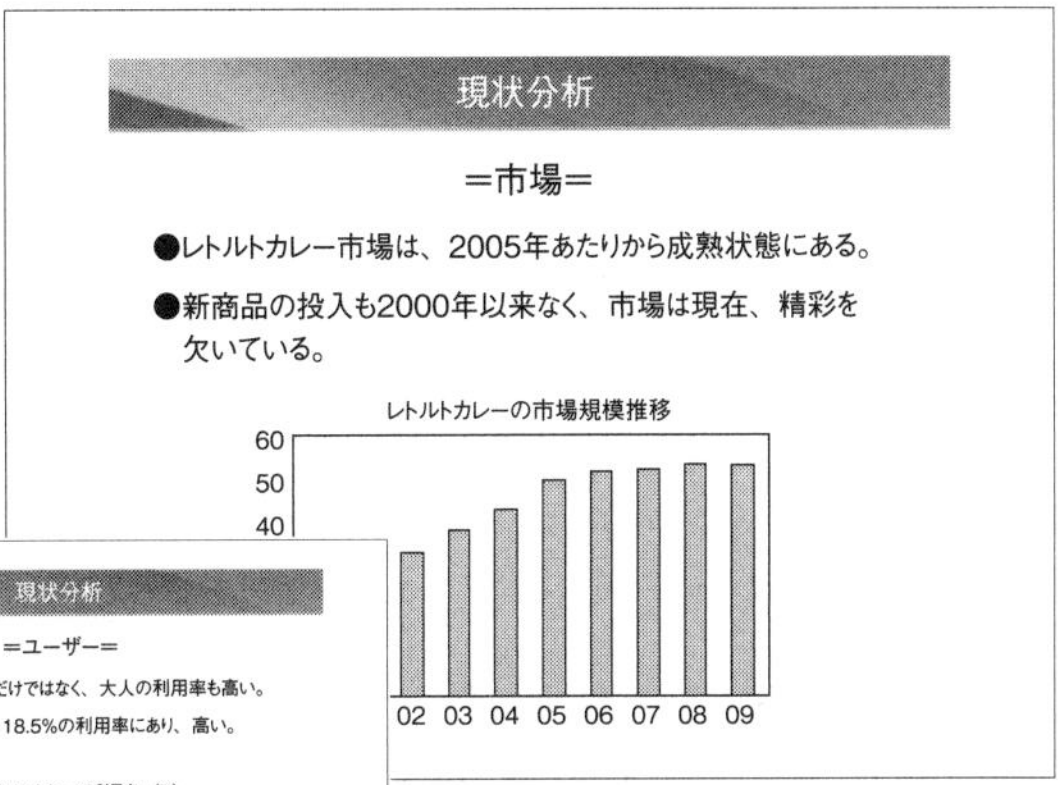

④

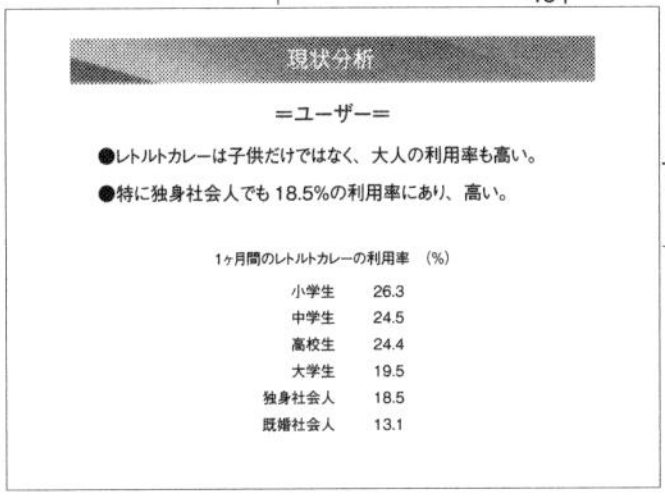

=ユーザー=

- レトルトカレーは子供だけではなく、大人の利用率も高い。

- 特に独身社会人でも18.5%の利用率にあり、高い。

1ヶ月間のレトルトカレーの利用率　（%）

小学生	26.3
中学生	24.5
高校生	24.4
大学生	19.5
独身社会人	18.5
既婚社会人	13.1

↑現状分析では、できるだけ客観的な分析に徹するために、データに基づくのがよい。必要なら数字やグラフを取り入れるようにする

⑤

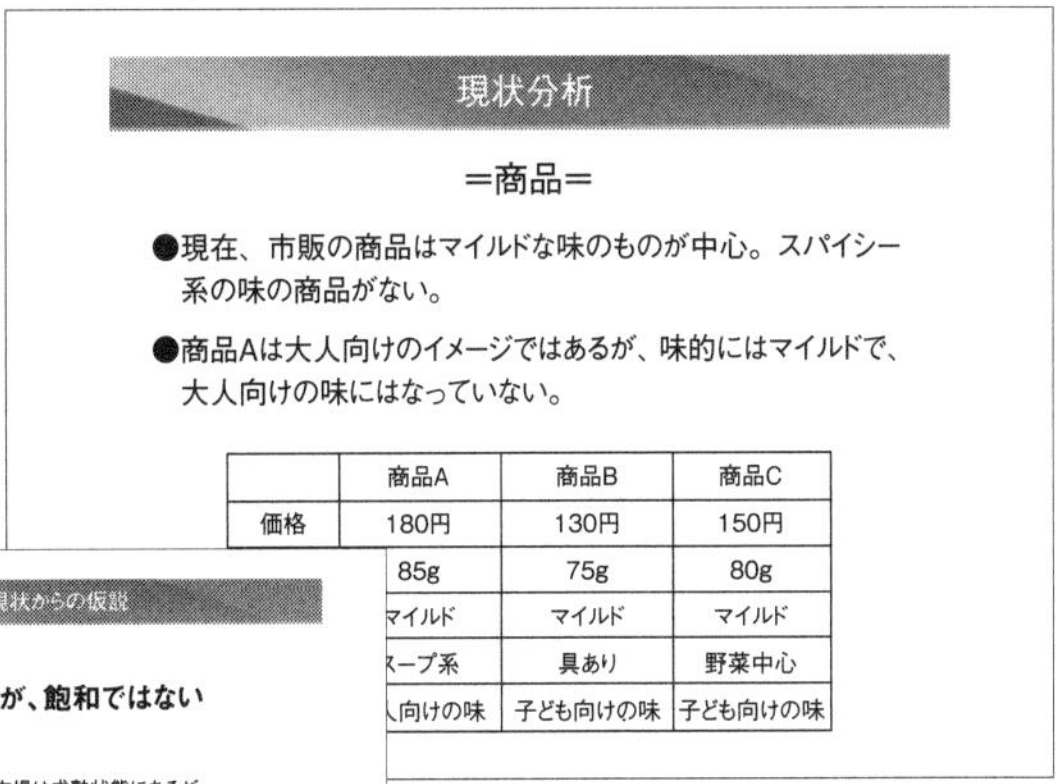

- 現在、市販の商品はマイルドな味のものが中心。スパイシー系の味の商品がない。

- 商品Aは大人向けのイメージではあるが、味的にはマイルドで、大人向けの味にはなっていない。

	商品A	商品B	商品C
価格	180円	130円	150円
	85g	75g	80g
	マイルド	マイルド	マイルド
	スープ系	具あり	野菜中心
	大人向けの味	子ども向けの味	子ども向けの味

⑥

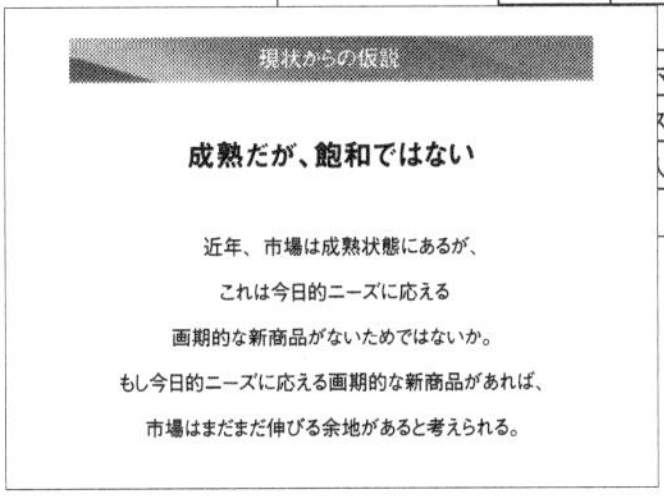

←明快に伝わるように、ときにはキャッチーな表現方法を取り入れよう

⑦

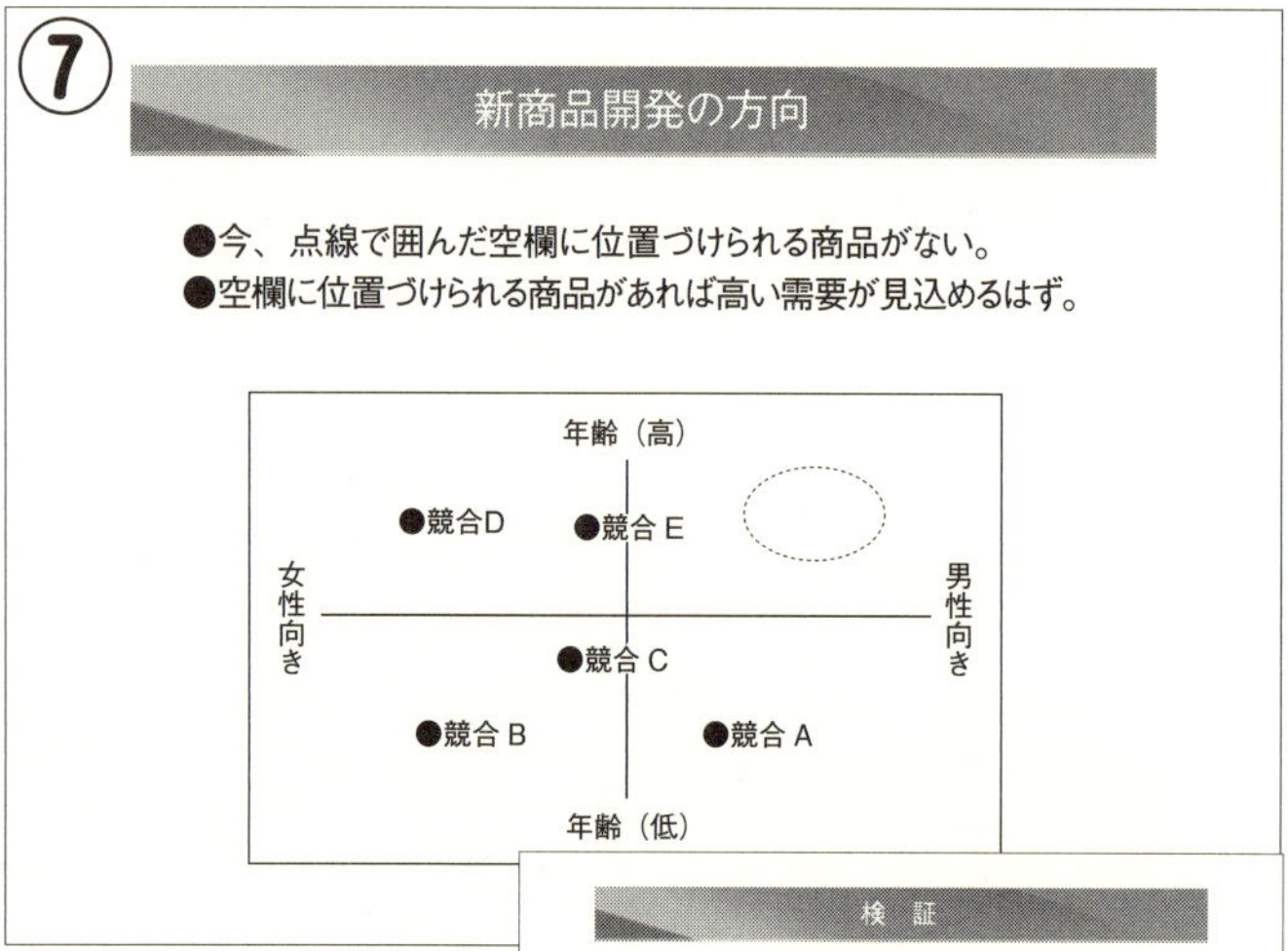
新商品開発の方向
●今、点線で囲んだ空欄に位置づけられる商品がない。
●空欄に位置づけられる商品があれば高い需要が見込めるはず。
年齢（高）
●競合D
●競合 E
女性向き
男性向き
●競合 C
●競合 B
●競合 A
年齢（低）

⑧

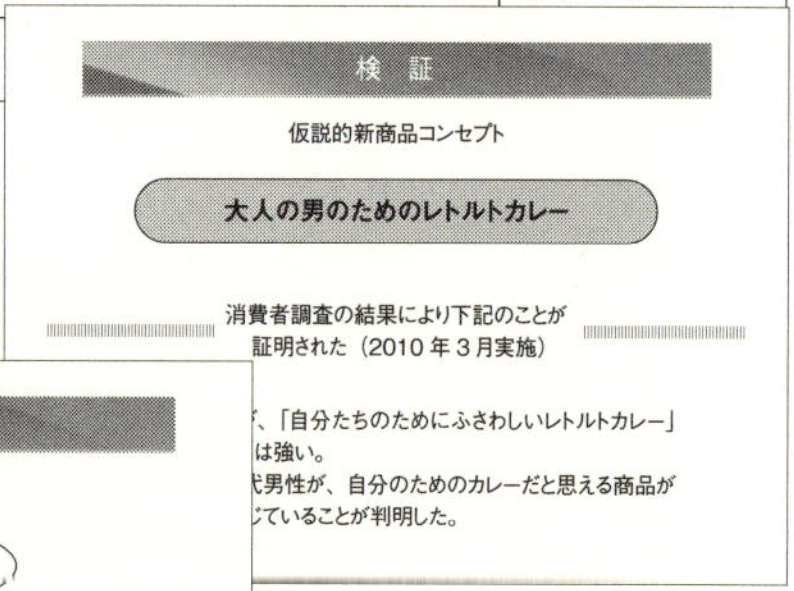
検　証
仮説的新商品コンセプト
大人の男のためのレトルトカレー
消費者調査の結果により下記のことが
証明された（2010 年 3 月実施）
、「自分たちのためにふさわしいレトルトカレー」
は強い。
代男性が、自分のためのカレーだと思える商品が
じていることが判明した。

⑨

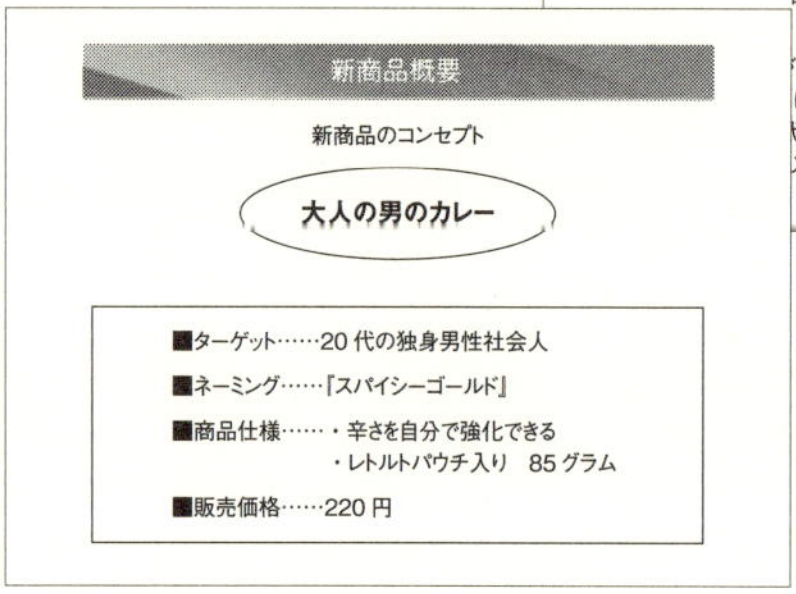
新商品概要
新商品のコンセプト
大人の男のカレー
■ターゲット……20 代の独身男性社会人
■ネーミング……『スパイシーゴールド』
■商品仕様……・辛さを自分で強化できる
・レトルトパウチ入り　85 グラム
■販売価格……220 円

⑦説明を容易にするために、必要ならポジショニングマップも取り入れる。この場合は競合との比較で、どこに空き位置があるかを図式化したもの。この空き位置に布置できる商品を構想すればいいということが導かれる
⑧同じ文字の大きさや太さで表記するとページ全体が平板になり、メリハリなく見えてしまう。重要なメッセージは大きく・太く表示し、メリハリをつける

マーケティング戦略

■目標…………市場シェア 15%　(初年度)
■基本戦略……市場導入に当たっては、下記のように３つのステップに分ける。

第１ステップ…2010 年 11 月～2011 年 12 月
第２ステップ…2011 年１月　～2011 年３月
第３ステップ…2011 年４月　～2011 年６月

マスメディアとインターネットを使って大々的にプロモーションを図る。
■エリア展開…首都圏から市場導入。第２ステップで関西、東北。第３ステップで中国、九州、四国、北海道に導入
■流通…………初期はコンビニ。第２ステップ以降でＧＭＳへと展開。
■商品…………2011 年 10 月に新アイテムの「極辛」を追加し、スパイシー領域の代表ブランドとなる。

⑩

コミュニケーション戦略

広告	表現	●「男のカレー」イメージを徹底して訴求する。 ●『女には食べさせるな』をキャッチコピーとする。 ●CFタレントに「○○○○」を起用。
	メディア	第1ステップ ●テレビスポット中心の展開。3000GRP投入。 ●発売日当日に、毎朝新聞に全面広告。インターネットに10000PV。
広報		●男性ファッション誌・フリーペーパーにパブリシティ展開。 ●発売日に、広報発表イベントを開催。
販促		●GMS店頭でデモ販売を実施。対象：全国 3000 店 ●店頭ポスター・POP配布　10 万枚

⑪

スケジュール

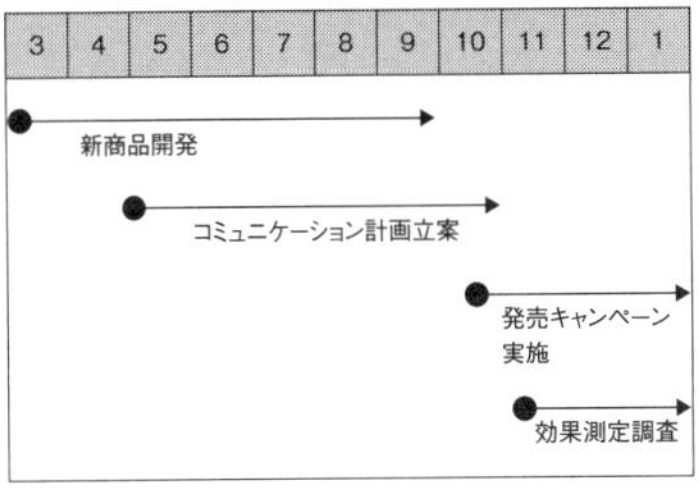

⑫

スケジュールは図表や矢印で表示するとわかりやすい

おわりに

企画書を書くことは怖いことではない。企画書はどう書いてもいいのだから、自由に、楽しく書いてほしい。自分にしか書けない企画書をめざし、自分らしさの表現を追求しながら書くと、企画書作りも楽しくなるはずだ。

企画書作成にはカタチはないが、いくつかのポイントがある。絶対に書かなくてはならない項目があるのだ。それは本書の中にもあるように「何を解決するために、どのようなことをするのか」である。それが書かれていないと企画書にはならない。企画書は現状の何かを、改善・改良するために実行しようとする企てである。だから、どのような現状を、どのような方法で、どう解決したいと意図しているかが示されていないと企画書にはならない。

しかし、目にする企画書の中にはアイデアだけが書いてあるに等しいものも多い。課題さえも書かれていないのだ。それでは企画書にならない。本書を読まれた方には、何度もそのことを説明してきたので、わかってもらっていることと思う。

私は広告会社で30数年間にわたって企画書を書いてきた。採用された企画書もあれば、採用されずにボツになった企画書もある。採用されなかった理由は様々で、必ずしも企画書のせいとは言い切れない。

しかし、なかには企画書の書き方が違っていたら採用されたかもしれないものもあるだろう。いまとなってはそれらひとつ一つが思い出でもあるし、失敗も含め、私の足跡で、財産でもある。そんな私の積年の企画書に対する思いを書き表したものが本書である。

この本は企画書作成に初めて遭遇する人向けに書かれたもの。初心者向けで、実際のビジネスの場で、相手の高い共感を獲得しようと思うと必ずしも十分でない場合もある。相手の高い共感を得るためには、企画書自体に書き手の人柄や人格が反映されないと、どうしても読み手に物足りなさを感じさせることがあるからだ。それは、企画書もまたコミュニケーションの材料だからである。企画書を媒介にして、企画提案を受ける側と、提案する側とがコミュニケーションする、企画書はあくまでもそのための材料のひとつでしかない。

コミュニケーションの本質は感情の遣《や》り取りである。感情の交流がないとコミュニケーションは成立しない。感情の交流がないと共感もまた生まれない。ただの企画情報の伝達はコミュニケーションではない。だから共感も生まれない。企画書を媒介にして本当の意味でのコミュニケーションを成立させるには、企画の説明後の、質疑応答などの遣り取りが重要である。この遣り取りの中でこそコミュニケーションが成立するとさえいってもいいほどだ。

もうひとつは、媒介となる企画書そのもののなかに提案者の熱い思いや個性を込めることだ。熱い思いは共感の下地を作り、個人のもつ人柄や人格を表現した企画書は、企画に共感する触媒となる。そうしてコミュニケーションが成立するのだ。つまり、その人でないと書けないような個性あふれる企画書は、高い共感獲得への源となる。

そのためには表現方法や言葉の選択、項目の設定や順序さえも自分なりに工夫したほうがよい。自由自在に書くことができるのが企画書作成の醍醐味なのだから。大いに自由に書いてほしい。

もし、あなたが、企画書の基本を学び終え、さらにもう一段上の企画書作りを学びたいなら、拙著『プロフェショナル企画書』（日本能率協会マネージメントセンター）も参考にされたらいい。あなたらしい企画書作成をするうえでの少しのヒントにはなるだろう。

最後になったが、協力してくれた宮城大学事業構想学部の学生たちにはお礼を言っておきたい。新堀みなみ、下館やすは、生田目さくら、神里優希乃、高野愛理、高橋和也、ありがとう。

２００９年11月

井徳正吾

ら行

わ行

すばる食品　御中
レトルトカレー
新商品開発企画書
既存商品がひしめく中で、いかにシェアを勝ち取るか
2009年12月
（株）東京企画

さ 行

た 行

INDEX

【著者略歴】

井徳正吾（いとく・しょうご）

1975 年早稲田大学第一文学部心理学科卒業。同年、大手広告会社に入社。マーケティングセクションに配属され、企業戦略やマーケティング戦略の立案、ブランディング作業、新商品開発業務などに携わる。今でもロングセラーを続ける開発商品は多い。現在は社内の研究所に所属。単著・編著に「広告プレゼン術」、「プロフェショナル企画書」、「広告ハンドブック」、「図解ビジネス実務事典『マーケティング』」（以上、日本能率協会マネージメントセンター）、「見えない若者市場より、見えている団塊市場を狙え」、「江戸時代をふりかえれば明日のビジネスがみえてくる」（はまの出版）など。共著に「平成 18 年広告に携わる人の総合講座」、「平成 19 年広告に携わる人の総合講座」、「2009 基礎から学べる広告の総合講座」（日本経済新聞出版社）、「マーケティング・コミュニケーション大辞典」（宣伝会議）、「気になる 50 のデータ」（ＰＨＰ研究所）、「しあわせを感じる『技術』」（東洋経済新報社）、ほか多数。現在、公立大学法人宮城大学事業構想学部特任教授、早稲田大学エクステンションセンター講師

「企画書」の基本＆書き方がイチから身につく本

2009年11月24日　第1刷発行

著　者――井徳正吾
発行者――八谷智範
発行所――株式会社すばる舎

〒170-0013 東京都豊島区東池袋3-9-7東池袋織本ビル
TEL　03-3981-8651（代表）
　　　03-3981-0767（営業部直通）
FAX　03-3981-8638
URL　http://www.subarusya.jp/
振替　00140-7-116563

印　刷――株式会社 シナノ

落丁・乱丁本はお取り替えいたします

ISBN978-4-88399-861-6 C0030